KLASSIKER
DR. OETKER
— VERLAG —
SEIT 1891

VEGETARISCH VON A–Z

DIE DR. OETKER GELING-GARANTIE

UNSER VERSPRECHEN

Liebe Leserin, lieber Leser,

mit den Rezepten in unseren Koch- und Backbüchern möchten wir Sie und Ihre Lieben glücklich machen. Zum Glück braucht es den Erfolg, und den kaufen Sie mit jedem Dr. Oetker Buch gleich mit.

Dafür gibt es die *Dr. Oetker Geling-Garantie.* Sie ist unser Versprechen, dass alle Rezepte aus diesem Buch ganz einfach und sicher gelingen. Die Geling-Garantie startet schon bei der Zutatenliste: Alle Zutaten, die wir verwenden, sollten Sie leicht in Ihrem Supermarkt vor Ort einkaufen können. Jeder Zubereitungs-Schritt ist klar und einfach nachvollziehbar.

Eine Garantie können wir Ihnen aber auch deshalb mit gutem Gewissen geben, weil alle Rezepte dieses Buches von unserem erfahrenen Team entwickelt wurden. Anschließend haben wir jedes Gericht in einer ganz normalen Küche nachgekocht oder nachgebacken. Immer wieder. So lange, bis wir uns sicher waren, dass es gelingt. Und zwar auch bei Ihnen zu Hause.

Was wir versprechen, halten wir auch. Sollte beim Kochen oder Backen eines unserer Rezepte dennoch etwas danebengehen oder es Ihnen einfach nicht schmecken, dann lassen Sie es uns wissen. Schreiben Sie oder rufen Sie uns an! Wir werden das Rezept nochmals kritisch prüfen und Ihnen helfen herauszufinden, woran es gelegen haben könnte. Sie erreichen uns unter der Telefonnummer +49(0)89/5482515-0.
Oder schreiben Sie uns eine E-Mail unter: redaktion-oetker@zsverlag.de

Natürlich freuen wir uns aber auch über weitere Rückmeldungen und auch über Lob. Ihre Ideen, Kommentare und Fragen können Sie jederzeit auch über Facebook posten: www.facebook.com/Dr.OetkerVerlag.
Wir sind für Sie da. Garantiert.

Mit herzlichen Grüßen
Ihre Dr. Oetker Redaktion

ALLGEMEINE HINWEISE ZU DEN REZEPTEN

UNSER TIPP

Lesen Sie vor der Zubereitung – besser noch vor dem Einkauf – das Rezept einfach einmal vollständig durch. Aus dem Zusammenhang werden die Zubereitungs-Schritte deutlicher.

PORTIONSANGABEN

Die Anzahl der Portionen finden Sie in jedem Rezept ausgewiesen.

ARBEITSSCHRITTE

Die Zutaten sind in der Reihenfolge ihrer Verarbeitung aufgeführt. Jeder Arbeitsschritt ist einzeln hervorgehoben und extra nummeriert. So haben wir die Rezepte für Sie auch entwickelt und ausprobiert.

ZUBEREITUNGSZEIT UND GARZEIT

Die angegebene Zubereitungszeit schließt die Dauer der Vorbereitung und die eigentliche Zubereitung mit ein. Sie ist ein Anhaltswert und kann je nach individuellem Geschick oder Übung natürlich ein wenig variieren. Längere Wartezeiten, wie zum Beispiel Kühl- oder Abkühlzeiten oder auch Auftauzeit sind in der Regel nicht in der Zubereitungszeit enthalten. Einzige Ausnahme: In dieser Zeit sind parallel andere Arbeitsschritte zu tun. Die Garzeiten sind gesondert ausgewiesen. Bei einigen Rezepten setzt sich die Gesamt-Garzeit aus mehreren Teil-Garzeiten zusammen.

BACKOFENEINSTELLUNG UND BACKZEITEN

Die in den Rezepten angegebenen Backtemperaturen und Backzeiten sind Richtwerte, die je nach individueller Hitzeleistung Ihres Backofens über- oder unterschritten werden können. Prüfen Sie nach Beendigung der angegebenen Backzeit ob das Gericht gar ist, bzw. machen Sie bei Teigen eine Garprobe.
Die Temperaturangaben in diesem Buch beziehen sich auf Elektrobacköfen. Die Temperatur-Einstellungsmöglichkeiten für Gasbacköfen variieren je nach Hersteller, sodass wir keine allgemeingültigen Angaben machen können. Bitte beachten Sie deshalb bei der Einstellung des Backofens die Gebrauchsanleitung des Herstellers. Ein Backofenthermometer eignet sich dabei gut, um die Backofentemperatur im Blick zu haben.

EINSCHUBHÖHE

In den Rezepten in diesem Buch ist die Einschubhöhe immer dann die Mitte des Backofens, wenn nichts anderes angegeben ist.

HINWEISE ZU DEN NÄHRWERTEN

Bei den Nährwertangaben in den Rezepten handelt es sich um auf- bzw. abgerundete ganze Werte. Aufgrund von ständigen Rohstoffschwankungen und/oder Rezepturveränderungen bei Lebensmitteln kann es zu Abweichungen kommen. Die Nährwertangaben dienen daher lediglich Ihrer Orientierung und eignen sich nur bedingt für die Berechnung eines Diätplans.

ABKÜRZUNGEN UND SYMBOLE

EL	Esslöffel
TL	Teelöffel
Msp.	Messerspitze
Pck.	Packung/Päckchen
g	Gramm
kg	Kilogramm
ml	Milliliter
l	Liter
evtl.	eventuell
geh.	gehäuft
gestr.	gestrichen
gem.	gemahlen
ger.	gerieben
TK	Tiefkühlprodukt
°C	Grad Celsius
Kalorien-/Nährwertangaben	
E	Eiweiß
F	Fett
Kh	Kohlenhydrate
kcal	Kilokalorie
Symbole	
◔	Zubereitungs-/Backzeit
✚	Vegan
▲	Mit Alkohol

ALLGÄUER KRAUTSPÄTZLE

Zubereitungszeit: 35 Minuten
Garzeit: 10–15 Minuten

ZUTATEN FÜR 2 PORTIONEN

250 g Weizenmehl
3 Eier (Größe M)
½ gestr. TL Salz
etwa 100 ml Wasser oder Milch
3 l Wasser
3 gestr. TL Salz
1 Zwiebel
50 g Butter
500 g Weinsauerkraut
125 ml Gemüsebrühe
gerebelter Majoran
Salz
gem. Pfeffer
2 EL Butter

PRO PORTION:

E: 14 g, F: 24 g, Kh: 48 g, kcal: 484

1. Mehl in eine Rührschüssel geben, in die Mitte eine Vertiefung eindrücken. Eier mit Salz und Wasser oder Milch verschlagen, etwas davon in die Vertiefung geben und von der Mitte aus mit einem Holzlöffel verrühren.

2. Nach und nach die verschlagenen Eier hinzugießen, den Teig so lange rühren, bis er eine zähe, dickflüssige Konsistenz hat und Blasen wirft.

3. Das Wasser in einem großen Topf zugedeckt zum Kochen bringen, dann Salz hinzugeben. Den Teig portionsweise mit einem Spätzlehobel oder durch eine Spätzlepresse in das kochende Salzwasser geben. Die Spätzle 3–5 Minuten garen (sie sind gar, wenn sie an der Oberfläche schwimmen).

4. Die Spätzle in ein Sieb geben, mit kaltem Wasser abschrecken und abtropfen lassen. Spätzle zugedeckt warm stellen.

5. Zwiebel abziehen und klein würfeln. Butter in einer großen Pfanne zerlassen. Die Zwiebelwürfel darin glasig dünsten. Das Sauerkraut locker zupfen und zu den Zwiebelwürfeln in die Pfanne geben. Gemüsebrühe hinzugießen. Das Sauerkraut 10–15 Minuten dünsten, mit Majoran, Salz und Pfeffer abschmecken.

6. Butter zerlassen. Spätzle mit dem Sauerkraut vermengen und zerlassene Butter daraufträufeln.

TIPP:

Die Krautspätzle mit abgespülten, trocken getupften Basilikumblättchen garniert servieren.

APFELGRATIN MIT FENCHEL

◔ Zubereitungszeit: 50 Minuten
Garzeit: etwa 35 Minuten

ZUTATEN FÜR 4 PORTIONEN

300 g Kartoffeln
Salz
600 g Äpfel
Saft von 1 Zitrone
500 g Fenchelknollen
2 Zwiebeln
200 g Doppelrahm-Frischkäse
150 g Joghurt (3,5 % Fett)
100 ml Milch (3,5 % Fett)
gem. Pfeffer
ger. Muskatnuss
Zucker
40 g Rosinen
120 g ger. mittelalter Gouda
50 g ger. Parmesan
30 g Butter

PRO PORTION:

E: 22 g, F: 43 g, Kh: 40 g, kcal: 647

1. Die Kartoffeln schälen, abspülen, abtropfen lassen, in einem Topf knapp mit Wasser bedeckt zugedeckt zum Kochen bringen, Salz hinzugeben. Kartoffeln etwa 15 Minuten garen. Kartoffeln abgießen, in ein Sieb geben, mit kaltem Wasser abspülen und etwas abkühlen lassen. Die Kartoffeln in Scheiben schneiden.

2. Äpfel schälen, vierteln und entkernen. Die Apfelviertel in Spalten schneiden und mit Zitronensaft beträufeln.

3. Den Backofen vorheizen.
Ober-/Unterhitze: etwa 200 °C
Heißluft: etwa 180 °C

4. Fenchel putzen, abspülen, abtropfen lassen, halbieren und in Streifen schneiden.

5. Abwechselnd Kartoffelscheiben, Apfelspalten und Fenchelstreifen in eine Gratinform (gefettet) schichten. Zwiebeln abziehen, in kleine Würfel schneiden, mit Frischkäse, Joghurt und Milch verrühren. Mit Salz, Pfeffer, Muskat und Zucker würzen.

6. Die Frischkäse-Joghurt-Masse auf dem Gratin verteilen. Rosinen daraufgeben, mit Gouda und Parmesan bestreuen. Butter in Flöckchen daraufsetzen. Die Form auf dem Rost in den vorgeheizten Backofen schieben. Das Gratin **etwa 35 Minuten garen.**

APFEL-TOFU-CREME MIT SCHNITTLAUCH

Zubereitungszeit: 15 Minuten
Haltbarkeit: im Kühlschrank 3–4 Tage

ZUTATEN FÜR ETWA 575 G

2 EL Sonnenblumen- oder Kürbiskerne
1 Bund Schnittlauch
300 g abgetropfter Tofu
150 g Schmand (Sauerrahm)
1 mittelgroßer, säuerlicher Apfel (etwa 100 g)
1–2 EL Zitronensaft
Salz, gem. Pfeffer
evtl. Currypulver

INSGESAMT:

E: 36 g, F: 63 g, Kh: 22 g, kcal: 834

1. Sonnenblumen- oder Kürbiskerne in einer Pfanne ohne Fett unter Rühren goldbraun rösten, herausnehmen und auf einen Teller geben.

2. Schnittlauch abspülen, trocken tupfen und in feine Röllchen schneiden. Tofu mit einem Pürierstab fein pürieren oder sehr fein hacken. Tofumasse mit Schmand und Schnittlauchröllchen verrühren.

3. Apfel schälen, vierteln und entkernen. Apfelviertel in sehr kleine Würfel schneiden, mit Zitronensaft vermischen und unter die Tofumasse rühren.

4. Die Creme mit Salz, Pfeffer und evtl. 1 Prise Curry würzig abschmecken. Geröstete Sonnenblumen- oder Kürbiskerne nach Belieben grob hacken und auf die Creme streuen.

5. Die Apfel-Tofu-Creme in ein verschließbares Gefäß füllen und in den Kühlschrank stellen.

BEILAGE:

Roggenmischbrot, Hafer-Vollkornbrot, Sesam-Knäckebrot.

TIPPS:

Für Milch-Allergiker den Schmand durch Sojacreme ersetzen. Zusätzlich 2–3 klein geschnittene Frühlingszwiebeln unter die Creme rühren.

AUBERGINENCREME

- Zubereitungszeit: 15 Minuten, ohne Abkühl- und Durchziehzeit
  Garzeit: etwa 30 Minuten
- + Vegan

ZUTATEN FÜR ETWA 350 G (8–10 PORTIONEN)

2 Auberginen (etwa 560 g)
2 Knoblauchzehen
2 EL Zitronensaft
1 ½ EL Olivenöl
2 EL Ahornsirup
1 gestr. TL Rauchsalz oder Salz
1 gestr. TL gerebelter Thymian
gem. Pfeffer

PRO PORTION:

E: 1 g, F: 2 g, Kh: 4 g, kcal: 38

1. Den Backofen vorheizen.
Ober-/Unterhitze: etwa 220 °C
Heißluft: etwa 200 °C

2. Auberginen abspülen, abtrocknen und rundherum mehrmals mit einer Gabel einstechen, auf ein mit Alufolie belegtes Backblech legen.

3. Das Backblech in den vorgeheizten Backofen schieben. Auberginen **etwa 30 Minuten garen,** dabei 2–3-mal z. B. mit einer Gemüsezange wenden. Die Auberginenschale wird dabei sehr dunkel und soll sich lösen.

4. Das Backblech auf einen Rost stellen. Die Auberginen etwa 45 Minuten erkalten lassen.

5. Von den Auberginen die Stängelansätze abschneiden. Schale abziehen. Das Fruchtfleisch grob würfeln und in einen Rührbecher geben. Knoblauch abziehen und hinzufügen. Zitronensaft, Olivenöl, Ahornsirup, Salz, Thymian und Pfeffer hinzufügen. Die Zutaten mit einem Pürierstab pürieren. Die Creme zugedeckt etwa 30 Minuten (bei Zimmertemperatur) durchziehen lassen.

6. Die Creme zum Servieren durchrühren und nochmals mit den Gewürzen abschmecken.

BEILAGE:

Vollkorn- oder Roggenbrot.

REZEPTVARIANTE:

Für einen **Kichererbsenaufstrich** (etwa 400 g, 6–8 Portionen) 265 g Kichererbsen (aus der Dose) in ein Sieb geben, mit kaltem Wasser abspülen und abtropfen lassen. 1–2 Esslöffel geschälte Sesamsamen in einer Pfanne ohne Fett unter Wenden goldbraun rösten, dann auf einen Teller geben. 20 g Ingwer schälen und fein schneiden. Kichererbsen mit Ingwer, 150 g Soja-„Joghurt" und 2 Esslöffeln Zitronensaft in einem Rührbecher fein pürieren. Aufstrich mit etwa ½ Teelöffel Paprikapulver edelsüß, Salz und Pfeffer abschmecken. Sesam mit 1 Teelöffel Schwarzkümmel mischen und unterrühren. Den Aufstrich sofort servieren oder in ein sauberes, verschließbares Gefäß füllen und in den Kühlschrank stellen.

AUBERGINEN-FÄCHER

Zubereitungszeit: 25 Minuten
Grillzeit: 10–12 Minuten

ZUTATEN FÜR 4 PORTIONEN

FÜR DIE ZWIEBELSAUCE:

2 rote Zwiebeln
1 EL Olivenöl
1 Msp. Salz
2 gestr. EL brauner Zucker
75 ml weißer Balsamico-Essig
8 getrocknete Tomaten

4 kleine schlanke Auberginen (je etwa 250 g)
4 TL Olivenöl
Salz, gem. bunter Pfeffer
8 Basilikumblättchen
4 Scheiben Ziegenfrischkäse (etwa 70 g)

PRO PORTION:

E: 6 g, F: 12 g, Kh: 17 g, kcal: 209

1. Für die Zwiebelsauce Zwiebeln abziehen, halbieren und in feine Streifen schneiden. Olivenöl in der Pfanne oder dem Topf erhitzen. Die Zwiebelstreifen darin andünsten.

2. Salz und Zucker mit in die Pfanne oder den Topf geben. Die Zwiebeln unter Rühren goldbraun karamellisieren. Dann Essig unterrühren und zum Kochen bringen. Die Zutaten bei mittlerer Hitze kochen lassen, bis sich der Karamell aufgelöst hat. Dabei ab und zu umrühren.

3. Die Pfanne oder den Topf von der Kochstelle nehmen. Die Tomaten in feine Streifen schneiden und unter die Sauce rühren. Die Sauce evtl. nochmals mit Zucker abschmecken und zugedeckt warm stellen.

4. Den Grill vorheizen.

5. Die Auberginen abspülen und abtrocknen. Mit einem scharfen Messer die Auberginen längs bis zum Stielansatz in etwa 5 mm dicke Scheiben schneiden (die Fächer sollen am Stielansatz noch zusammenhalten). Die Auberginen auffächern und mithilfe eines Backpinsels mit Olivenöl bestreichen.

6. Die Auberginen-Fächer auf den gefetteten Grillrost des heißen Grills legen und bei mittlerer bis starker Hitze insgesamt 10–12 Minuten grillen. Dabei die Auberginen einmal vorsichtig mit der Grillzange wenden und darauf achten, dass die Auberginen nach dem Wenden immer noch aufgefächert auf dem Grillrost liegen. Auberginen vom Grillrost nehmen, mit Salz und Pfeffer würzen.

7. Basilikum abspülen und trocken tupfen. Die gegrillten Auberginen-Fächer auf 4 Tellern anrichten. Die noch warme Zwiebelsauce darauf verteilen und je 1 Frischkäsescheibe darauflegen, mit Pfeffer bestreuen und mit den Basilikumblättchen garniert servieren.

TIPPS:

Beim Einkauf von Auberginen sollte man darauf achten, dass die Haut glänzend, gleichmäßig glatt und die Stiele frisch und grün sind. Eine reife Aubergine erkennt man daran, wenn die Schale auf Fingerdruck leicht nachgibt. Finger weg von Auberginen mit braunen Flecken, Verfärbungen sowie braunen festen Samen und löchrigem und verfärbtem Fruchtfleisch. Im Kühlschrank (Gemüsefach) kann man Auberginen eine Woche lang aufbewahren. Allerdings sollte man sie nicht neben Obst und Tomaten lagern, da die Aubergine sehr empfindlich gegenüber Reifegasen ist.

AUBERGINEN-TOMATEN-TAJINE MIT COUSCOUS

Zubereitungszeit: 35 Minuten
Garzeit: etwa 45 Minuten

ZUTATEN FÜR 4 PORTIONEN

150 g Zwiebeln
2 Knoblauchzehen
3 Auberginen (je etwa 350 g)
400 g Cocktailtomaten
100 g Butter
6 EL flüssiger Pinienhonig oder Blütenhonig
2 EL Ras el Hanout
(marokkanische Gewürzmischung)
Salz
200 ml Gemüsebrühe
75 getrocknete Feigen
50 g gehobelte Mandeln
40 g grüne Rosinen (Bioladen)
oder Sultaninen
1 TL gem. Zimt
1 TL gem. Cumin (Kreuzkümmel)
1 TL gem. Koriander
200 g Couscous
15 Minzeblättchen
400 g Sahnejoghurt

PRO PORTION:

E: 18 g, F: 40 g, Kh: 91 g, kcal: 829

1. 100 g der Zwiebeln abziehen und grob würfeln. Knoblauch abziehen und in Scheiben schneiden. Von den Auberginen die Stängelansätze abschneiden. Auberginen abspülen, trocken tupfen und längs sechsteln. Tomaten abspülen, trocken tupfen und vierteln, dabei die Stängelansätze herausschneiden.

2. Den Backofen vorheizen.
Ober-/Unterhitze: etwa 220 °C
Heißluft: etwa 200 °C

3. 75 g Butter in einer großen ofenfesten Tajine oder in einem großen Bräter zerlassen. Die Zwiebelwürfel darin bei mittlerer Hitze goldbraun braten. Knoblauchscheiben, Honig, Tomatenviertel und Ras el Hanout untermischen. Mit Salz würzen. Die Zutaten etwa 3 Minuten unter Rühren kräftig andünsten. Die Auberginenspalten hinzugeben und gut untermischen. Die Brühe hinzugießen. Die Tajine oder den Bräter mit einem Deckel verschließen und auf dem Rost in den vorgeheizten Backofen (unterste Einschubleiste) schieben. Auberginen-Tomaten-Tajine **etwa 45 Minuten garen**. Während der Garzeit das Gemüse 2-mal wenden.

4. Von den Feigen die harten Stiele abschneiden. Die Feigen in etwa 1 cm große Stücke schneiden und nach etwa 30 Minuten Garzeit unter die Auberginen-Tomaten-Tajine mischen.

5. In der Zwischenzeit die Mandeln in einer Pfanne ohne Fett unter Wenden goldbraun rösten. Restliche Zwiebeln abziehen und fein würfeln.

6. Nach etwa 35 Minuten Garzeit der Auberginen-Tomaten-Tajine die restliche Butter in einem Topf zerlassen. Die Zwiebelwürfel darin bei mittlerer Hitze goldbraun rösten, bis sie weich sind. Rosinen oder Sultaninen, Zimt, Cumin und Koriander untermischen und kurz mit anrösten. Couscous hinzugeben, mit Salz würzen und 300 ml Wasser hinzugießen.

7. Die Zutaten kurz aufkochen lassen. Dann den Topf von der Kochstelle nehmen und den Couscous zugedeckt etwa 5 Minuten quellen lassen.

8. Minzeblättchen abspülen und trocken tupfen. Den gequollenen Couscous mit 2 Gabeln auflockern. Couscous mit der Auberginen-Tomaten-Tajine anrichten. Mit Mandeln und Minze bestreuen und den Joghurt darauf verteilen oder dazu servieren.

BARBECUE-TOFU-EINTOPF

Zubereitungszeit: 45 Minuten
Garzeit: etwa 45 Minuten

ZUTATEN FÜR 4–6 PORTIONEN

400 g festkochende Kartoffeln
2 rote Zwiebeln
125 g Cocktailtomaten
1 kleine Zucchini
500 g Hokkaido-Kürbis
1 gestr. TL Hickory-Rauchsalz
1 Msp. gem. Pfeffer
4 EL Olivenöl
2 Knoblauchzehen
2 EL Olivenöl
2 EL Tomatenmark
2 EL brauner Zucker
250 g geräucherter Tofu
2 EL Weizenmehl
800 ml Gemüsebrühe
100 g Tomatenketchup
Salz
1 Msp. Cayennepfeffer
140 g abgetropfter Gemüsemais (aus der Dose)
2–3 TL Worcestersauce

1 Bund Schnittlauch
150 g Ziegenfrischkäse

PRO PORTION:

E: 20 g, F: 23 g, Kh: 39 g, kcal: 449

1. Kartoffeln schälen, abspülen, abtropfen lassen und in Spalten schneiden. Die Zwiebeln abziehen, halbieren und in Spalten schneiden. Tomaten abspülen, abtropfen lassen, halbieren, dabei die Stängelansätze entfernen.

2. Die Zucchini abspülen, abtropfen lassen und die Enden abschneiden. Zucchini längs halbieren und in etwa 1 cm dicke Scheiben schneiden. Kürbis abspülen, trocken tupfen, halbieren, die Kerne und den faserigen Innenteil mit einem Löffel herausschaben. Kürbis in mundgerechte Stücke schneiden.

3. Kartoffel- und Zwiebelspalten, Tomatenhälften, Zucchinischeiben und Kürbisstücke in einer großen Schüssel mit Rauchsalz, Pfeffer und Olivenöl vermischen.

4. Den Backofen vorheizen.
Ober-/Unterhitze: etwa 180 °C
Heißluft: etwa 160 °C

5. Das vorbereitete Gemüse auf einem Backblech (mit Backpapier belegt) verteilen, dabei die Schnittflächen der Tomatenhälften nach unten legen. Das Backblech in den vorgeheizten Backofen schieben. Das Gemüse **etwa 45 Minuten garen.**

6. In der Zwischenzeit den Knoblauch abziehen und fein würfeln. Olivenöl mit Tomatenmark, Zucker und Knoblauch in einem großen Topf (das Gemüse aus dem Backofen soll auch noch mit hineinpassen) erhitzen.

7. Tofu zerbröseln und in dem Topf mit anbraten. Mehl daraufstäuben und gut unterrühren. Nach und nach Gemüsebrühe und Ketchup hinzugießen und unterrühren. Die Sauce unter Rühren aufkochen lassen, dann zugedeckt bei schwacher Hitze 10–15 Minuten kochen lassen, dabei gelegentlich umrühren.

8. Die Sauce mit Salz und Cayennepfeffer würzen. Das Gemüse aus dem Backofen nehmen, mit dem Mais in die vorbereitete Sauce geben, vorsichtig unterrühren. Den Eintopf mit ein wenig Rauchsalz und Worcestersauce abschmecken.

9. Zum Servieren Schnittlauch abspülen, trocken tupfen und in feine Röllchen schneiden. Ziegenfrischkäse grob zerbröseln oder kleine Nocken abstechen, die Schnittlauchröllchen daraufstreuen und zum Eintopf reichen.

BBQ-GRILLGEMÜSE

Zubereitungszeit: 20 Minuten, ohne Marinierzeit
Grillzeit: 35–40 Minuten

ZUTATEN FÜR 4 PORTIONEN

je 1 gelbe und rote Paprikaschote (etwa 425 g)
4 Möhren (etwa 425 g)
1 Staudensellerie (etwa 425 g)
Salz, bunter geschroteter Pfeffer
220 ml BBQ-Sauce (Grillsauce)

PRO PORTION:

E: 3 g, F: 2 g, Kh: 34 g, kcal: 182

1. Paprikaschoten vierteln, entstielen, entkernen und die weißen Scheidewände entfernen. Schoten abspülen und abtropfen lassen. Möhren putzen, schälen, abspülen und abtropfen lassen. Staudensellerie putzen, abspülen und abtropfen lassen.

2. Paprikaviertel, Möhren und Selleriestangen in etwa 1 cm große Würfel schneiden und in eine Schüssel geben. Die Gemüsewürfel mit Salz und Pfeffer würzen, die BBQ-Sauce unterrühren. Das Gemüse zugedeckt etwa 30 Minuten marinieren.

3. In der Zwischenzeit den Grill vorheizen.

4. Mariniertes Gemüse mit einem Schaumlöffel aus der Marinade nehmen oder das Gemüse in einem Sieb abtropfen lassen, dabei die Marinade auffangen und beiseitestellen. Gemüse in einer Grillschale (gefettet) verteilen.

5. Die Grillschale auf den Grillrost des heißen Grills stellen. Das Gemüse unter gelegentlichem Wenden mit einem Grillwender bei nicht zu starker Hitze in etwa 30 Minuten bissfest grillen.

6. Dann die beiseitegestellte Marinade unter das Gemüse rühren. Gemüse weitere 5–10 Minuten grillen.

TIPP:

Dazu warmes Baguette, frisches Bauernbrot oder Folienkartoffeln servieren.

BÉCHAMEL-SAFRAN-EIER

Zubereitungszeit: 30 Minuten, ohne Auftauzeit
Garzeit: etwa 20 Minuten

ZUTATEN FÜR 4 PORTIONEN

1 kg TK-Blattspinat
2 Schalotten
1–2 Knoblauchzehen
1 EL Butter
Salz, gem. Pfeffer
1 Msp. Safran
250 ml Béchamelsauce (aus dem Tetrapak)
100 g ger. Emmentaler
4 Eier (Größe M)
1 EL Butter

PRO PORTION:

E: 22 g, F: 37 g, Kh: 5 g, kcal: 459

1. TK-Spinat nach Packungsanleitung auftauen, anschließend in einem Sieb abtropfen lassen und evtl. noch etwas ausdrücken.

2. Schalotten und Knoblauch abziehen, in kleine Würfel schneiden. Die Butter in einem Topf zerlassen. Schalotten- und Knoblauchwürfel darin andünsten. Spinat hinzugeben und unter Rühren mitdünsten lassen. Den Spinat so lange dünsten, bis die Flüssigkeit fast verdampft ist. Spinat mit Salz und Pfeffer würzen.

3. Den Backofen vorheizen.
Ober-/Unterhitze: etwa 200 °C
Heißluft: etwa 180 °C

4. Den Safran unter die Béchamelsauce rühren. Den Spinat mit der Safran-Béchamel-Sauce und etwa der Hälfte des Käses in eine Auflaufform (gefettet) geben und vermischen.

5. Vier Mulden in die Spinat-Saucen-Mischung drücken und je 1 aufgeschlagenes Ei in die Mulde geben. Den restlichen Käse darauf verteilen. Butter in Flöckchen daraufsetzen.

6. Die Form auf dem Rost in den vorgeheizten Backofen schieben. Die Béchamel-Safran-Eier **etwa 20 Minuten garen.**

7. Béchamel-Safran-Eier vor dem Servieren mit frisch gemahlenem Pfeffer bestreuen.

BOHNENBURGER MIT GEGRILLTEN TORTILLAS

Zubereitungszeit: 45 Minuten, ohne Durchziehzeit
Grillzeit: etwa 10 Minuten

ZUTATEN FÜR 6 PORTIONEN

FÜR DEN SALAT:

2 EL Limettensaft
1 EL flüssiger Honig
Salz
2 EL Olivenöl
1 EL TK-Petersilie
1 Mango
1 Avocado
1 kleine rote Chilischote

FÜR DIE BURGER:

100 g Instant-Bulgur
1 gestr. TL Salz
2 kleine Möhren (etwa 180 g)
1 Zwiebel (etwa 100 g)
3 EL Speiseöl
gem. Pfeffer
265 g abgetropfte Kichererbsen (aus der Dose)
265 g abgetropfte Kidneybohnen (aus der Dose)
4 Eier (Größe M)
50 g Semmelbrösel
40 g klein geschnittene, geröstete Pinienkerne
1 TL TK-Petersilie
2 gestr. TL Currypulver
ger. Muskatnuss

1 kleines Romana-Salatherz
etwas Weizenmehl zum Formen
2 EL Olivenöl zum Bestreichen
6 Weizen-Tortilla-Fladen
(aus dem Brotregal, Ø mind. 20 cm)

PRO PORTION:

E: 21 g, F: 33 g, Kh: 69 g, kcal: 678

1. Für den Salat Limettensaft mit Honig und Salz verrühren. Olivenöl und Petersilie unterschlagen.

2. Das Fruchtfleisch der Mango vom Stein schneiden, schälen und fein würfeln. Avocado halbieren. Stein entfernen. Das Fruchtfleisch mit einem Löffel aus den Schalen lösen und in Würfel schneiden. Chilischote längs halbieren, entstielen, entkernen, abspülen, trocken tupfen und sehr klein würfeln. Mango-, Avocado- und Chiliwürfel zur Marinade geben und gut vermischen. Den Salat zugedeckt etwa 45 Minuten durchziehen lassen.

3. In der Zwischenzeit für die Burger Bulgur mit Wasser nach Packungsanleitung (die auf der Packung angegebene Flüssigkeitsmenge verwenden) und Salz zubereiten. Bulgur abkühlen lassen.

4. In der Zwischenzeit Möhren putzen, schälen, abspülen, abtropfen lassen und grob reiben. Zwiebel abziehen und klein schneiden. Speiseöl in einer Pfanne erhitzen. Zwiebel und Möhren darin 2–3 Minuten bei mittlerer Hitze leicht anbraten, mit Salz und Pfeffer würzen. Die Pfanne von der Kochstelle nehmen.

5. Kichererbsen und Kidneybohnen jeweils in einem Sieb abspülen und abtropfen lassen. Kichererbsen und etwa zwei Drittel der Kidneybohnen mit den Eiern in einer hohen Rührschüssel pürieren.

6. Bulgur auflockern, mit restlichen Kidneybohnen, Möhren-Zwiebel-Masse, Semmelbröseln, Pinienkernen, Petersilie, Curry und Muskat zur pürierten Masse geben, mit Salz abschmecken.

7. Salat putzen, abspülen, trocken tupfen und in Streifen schneiden.

8. Den Grill vorheizen.

9. Aus der Burgermasse mit bemehlten Händen 6 flache Burger formen. Die Burger dünn mit Olivenöl bestreichen, auf dem gefetteten Grillrost des heißen Grills bei mittlerer Hitze von jeder Seite 4–5 Minuten grillen, dabei vorsichtig wenden. Die Tortilla-Fladen portionsweise kurz vor dem Servieren auf dem heißen Grillrost von jeder Seite etwa 15 Sekunden grillen.

10. Jeweils 1 großen Esslöffel Mango-Avocado-Salat und einen Burger mit einem Teil der Salatstreifen auf eine Tortillahälfte geben und die zweite Hälfte daraufklappen.

BOHNENFRIKADELLEN

● Zubereitungszeit: 25 Minuten
Bratzeit: etwa 12 Minuten
+ Vegan

ZUTATEN FÜR 4 PORTIONEN

FÜR DIE FRIKADELLEN:

2 große Zwiebeln (etwa 150 g)
1 Knoblauchzehe
150 g rosé Champignons
1 EL Sojaöl
3 Scheiben veganer Vollkorn-Toast (etwa 85 g)
240 g abgetropfte weiße Bohnenkerne (aus der Dose)
25 g Ei-Ersatz-Pulver
90 ml Wasser
2 TL Hefeflocken
1 gestr. TL vegane, gekörnte Hefebrühe
gem. Pfeffer
evtl. Salz

2 EL Olivenöl
je ½ Bund oder Töpfchen Basilikum, Rosmarin und glatte Petersilie
600 g feste Tomaten, z. B. Flaschen-, Romana- oder Cocktailtomaten
1 Prise Voll-Rohrzucker

PRO PORTION:

E: 9 g, F: 12 g, Kh: 28 g, kcal: 255

1. Für die Frikadellen Zwiebeln und Knoblauch abziehen, grob würfeln. Champignons putzen, evtl. kurz abspülen und trocken tupfen. Champignons fein würfeln.

2. Sojaöl in einer Pfanne erhitzen. Zwiebel- und Knoblauchwürfel darin goldbraun braten, Champignons hinzugeben und unter Wenden bei mittlerer Hitze so lange braten, bis die Flüssigkeit verdampft ist. Champignon-Zwiebel-Mischung auf einen Teller geben.

3. Toast zerbröseln. Bohnen in einem Sieb abspülen und abtropfen lassen. Ei-Ersatz-Pulver mit Wasser verschlagen. Bohnenkerne, Hefeflocken und Brühe in einen hohen Rührbecher geben. Die etwas abgekühlte Champignon-Zwiebel-Mischung und die Toastbrösel hinzugeben. Die Zutaten mit einem Pürierstab kurz pürieren. Ei-Ersatz gründlich unterrühren, alles mit Pfeffer und evtl. noch etwas Salz kräftig würzen.

4. Einen Esslöffel Olivenöl in einer beschichteten Pfanne erhitzen. Von der Bohnenmasse mithilfe eines Esslöffels kleine Frikadellen in das heiße Öl setzen und etwas flach drücken. Die Frikadellen bei mittlerer bis schwacher Hitze braten, bis sich ein knuspriger Rand an der Unterseite bildet. Dann die Frikadellen vorsichtig wenden und von der anderen Seite ebenfalls braun braten. Die fertig gebratenen Frikadellen zugedeckt auf einem Teller kurz warm halten.

5. Kräuter abspülen, trocken tupfen und die Nadeln oder Blättchen von den Stängeln zupfen. Rosmarin klein schneiden. Basilikum und Petersilie grob schneiden. Tomaten abspülen, abtrocknen, halbieren und die Stängelansätze herausschneiden. Tomaten in grobe Stücke schneiden.

6. Das restliche Olivenöl im Bratfett der Frikadellen erhitzen. Rosmarin darin anbraten. Tomaten hinzugeben, mit Salz, Pfeffer und Zucker würzen, bei starker Hitze kurz durchschwenken und mit den frischen Kräutern bestreuen.

7. Die Frikadellen mit den Tomaten servieren.

TIPPS:

Sie können zusätzlich etwas Vollkornreis dazu servieren. Weiße Bohnen bringen Mineralstoffe wie Magnesium, Kalium, Kalzium und Phosphat auf den Teller.

BREAKFAST-SMOOTHIES

Zubereitungszeit: je 10 Minuten, ohne Kühlzeit

ZUTATEN FÜR JE 1 PORTION

FRUCHT-JOGHURT-SMOOTHIE (IM FOTO VORN):

1 Pfirsich
½ Banane
150 g Vanillejoghurt
100 ml frisch gepresster Orangensaft
1 geh. EL kernige Haferflocken (etwa 10 g)

ORANGEN-SMOOTHIE MIT INGWER (IM FOTO HINTEN):

1 große Orange
½ Banane
15 g frischer Ingwer
150 ml ungesüßter Sojadrink (natur)

PRO PORTION:

E: 9 g, F: 6 g, Kh: 58 g, kcal: 346 (Frucht-Joghurt-Smoothie)
E: 8 g, F: 4 g, Kh: 23 g, kcal: 175 (Orangen-Smoothie mit Ingwer)

1. Für den Frucht-Joghurt-Smoothie den Pfirsich abspülen, abtrocknen und in Stücke schneiden. Bananenhälfte schälen und ebenfalls in kleine Stücke schneiden.

2. Die Pfirsich- und Bananenstücke mit Vanillejoghurt und Orangensaft in einen Rührbecher geben und mit dem Pürierstab pürieren. Dann die Haferflocken unterrühren.

3. Für den Orangen-Smoothie die Orange so schälen, dass die weiße Haut mit entfernt wird. Bananenhälfte schälen. Orange und Banane in Stücke schneiden. Ingwer schälen und ebenfalls in kleine Stücke schneiden.

4. Orangen-, Bananen- und Ingwerstücke mit dem Sojadrink in einen Rührbecher geben und mit dem Pürierstab pürieren.

5. Die Smoothies nach Belieben vor dem Servieren einige Zeit (etwa 30 Minuten) in den Kühlschrank stellen und dann in einem Glas servieren.

TIPPS:

Bestreuen Sie den Frucht-Joghurt-Smoothie kurz vor dem Servieren mit einem Topping. Nach Belieben eignen sich zum Beispiel Haferflocken, Amaranth- oder Quinoapops, getrocknete Früchte wie Cranberrys oder Goji-Beeren, Chia-Samen oder geröstete gemahlene oder gehackte Nusskerne. Für einen veganen Smoothie können Sie statt Vanillejoghurt auch Soja-Joghurt verwenden.

REZEPTVARIANTE:

Wer es gerne herber am Frühstücksmorgen mag, probiert eine **Gurken-Smoothie-Bowl** zum Löffeln. Dafür ½ Salatgurke (etwa 175 g) abspülen, trocken tupfen und in Scheiben schneiden. Gurkenscheiben mit 150 g Naturjoghurt (1,5 % Fett) in einen Rührbecher geben und mit dem Pürierstab pürieren. Dann 1 gehäuften Esslöffel kernige Haferflocken (etwa 10 g) unterrühren. Gurken-Smoothie mit Salz und Pfeffer pikant abschmecken und zum Servieren in eine Schale umfüllen.

BRENNNESSELSUPPE MIT PARMESAN-KRÄCKERN

◔ Zubereitungszeit: 15–20 Minuten, ohne Abkühlzeit
Backzeit Kräcker: 10–12 Minuten

ZUTATEN FÜR 4 PORTIONEN

2 mittelgroße Zwiebeln
2 Knoblauchzehen
2 Kartoffeln (etwa 250 g)
20 g Butter
750 ml Gemüsebrühe
300 g Brennnesselspitzen
Salz
gem. Pfeffer

FÜR DIE PARMESAN-KRÄCKER:

40 g ger. Parmesan

100 g Schlagsahne (mind. 30 % Fett)

PRO PORTION:

E: 14 g, F: 22 g, Kh: 14 g, kcal: 308

1. Zwiebeln und Knoblauch abziehen, in sehr kleine Würfel schneiden. Kartoffeln schälen, abspülen, abtropfen lassen und ebenfalls klein würfeln.

2. Die Butter in einem Topf zerlassen. Zwiebel- und Knoblauchwürfel darin andünsten. Kartoffelwürfel hinzugeben und mitdünsten lassen. Brühe hinzugießen und zum Kochen bringen. Kartoffelwürfel zugedeckt 12–15 Minuten garen.

3. In der Zwischenzeit Brennnesselspitzen verlesen (am besten mit Einweghandschuhen), gut abspülen und trocken tupfen oder trocken schleudern. Brennnesselspitzen zu den gegarten Kartoffelwürfeln in die Brühe geben und alles mit einem Pürierstab gut pürieren. Mit Salz und Pfeffer würzen. Die Suppe nach Belieben durch ein Sieb passieren. Suppe warm stellen, jedoch nicht mehr kochen lassen, da sie sonst grau wird.

4. Den Backofen vorheizen.
Ober-/Unterhitze: etwa 160 °C
Heißluft: etwa 140 °C

5. Für die Parmesan-Kräcker 8–12 runde Platten (Ø 5–6 cm) auf ein Stück Backpapier zeichnen und auf ein Backblech legen. Die vorgezeichneten Platten mit Parmesan ausstreuen. Das Backblech in den vorgeheizten Backofen schieben. Kräcker **10–12 Minuten backen,** bis der Käse zerlaufen ist und die Kräcker goldgelb gebacken sind.

6. Die Kräcker mit dem Backpapier vom Backblech auf einen Rost ziehen. Kräcker erkalten lassen.

7. Die Sahne mit einem Mixer (Rührstäbe) cremig aufschlagen und bis auf 4 Esslöffel unter die warm gestellte Brennnesselsuppe ziehen. Die Suppe mit der restlichen Sahne und den Parmesan-Kräckern anrichten und sofort servieren.

BRUNNENKRESSE-SÜPPCHEN MIT RADIESCHEN

Zubereitungszeit: 30 Minuten

ZUTATEN FÜR 4 PORTIONEN

1 Zwiebel
80 g Butter
800 ml Gemüsebrühe
200 g Schlagsahne
1 Bund Brunnenkresse (etwa 200 g)
Salz
1 Bund Radieschen
2 EL Butter
Cayennepfeffer

PRO PORTION:

E: 4 g, F: 41 g, Kh: 5 g, kcal: 407

1. Die Zwiebel abziehen und in kleine Würfel schneiden. 1 Esslöffel Butter in einem Topf zerlassen. Gemüsebrühe und Sahne hinzugießen, zum Kochen bringen und etwa 10 Minuten kochen lassen.

2. Brunnenkresse abspülen, trocken tupfen und die Blättchen von den Stängeln zupfen. Restliche Butter, Kresseblättchen (einige Blättchen zum Garnieren beiseitelegen) und 1 gute Prise Salz in eine Küchenmaschine geben und zu einer glatten Buttermasse verarbeiten.

3. Die Radieschen putzen, abspülen, abtropfen lassen und in Scheiben schneiden oder hobeln. Butter in einer Pfanne zerlassen. Die Radieschenscheiben darin unter Rühren andünsten. Mit Salz und Cayennepfeffer würzen.

4. Die Kressebutter nach und nach mit einem Pürierstab unter die kochende Suppe mixen. Mit Salz und Cayennepfeffer abschmecken.

5. Die Suppe mit den Radieschenscheiben in Suppenschalen oder -tellern anrichten und mit den beiseitegelegten Kresseblättchen garnieren.

BUCHWEIZEN-PFANNKUCHEN MIT PILZEN

● Zubereitungszeit: 60 Minuten, ohne Ruhezeit
▲ Mit Alkohol

ZUTATEN FÜR 4 PORTIONEN

FÜR DEN PFANNKUCHENTEIG:

75 g Buchweizenmehl
Salz
100 ml Milch (3,5 % Fett)
1 Ei (Größe M)
125 ml eiskaltes Wasser
25 g zerlassene, abgekühlte Butter

300 g Champignons
450 g Kräutersaitlinge
75 g Schalotten
50 g Greyerzer Käse

75 g Friséesalat
75 g Endiviensalat
50 g Rucola (Rauke)
4 EL Rotweinessig
125 ml Cidre (Apfelwein)
gem. Pfeffer
1 EL Zucker
2 EL Walnussöl
4 EL Sonnenblumenöl

40 g Butter
125 g Schlagsahne
2 EL grobkörniger Senf
2 Stängel Estragon

40 g Butter zum Backen

PRO PORTION:

E: 16 g, F: 54 g, Kh: 24 g, kcal: 649

1. Für den Teig Buchweizenmehl, Salz, Milch und Ei in einer Rührschüssel glatt rühren. Eiskaltes Wasser und zerlassene Butter unterrühren. Teig etwa 60 Minuten quellen lassen.

2. In der Zwischenzeit Champignons und Saitlinge putzen, evtl. kurz abspülen, trocken tupfen und in Scheiben schneiden. Schalotten abziehen und klein würfeln. Käse entrinden.

3. Frisée-, Endiviensalat und Rucola putzen, abspülen und trocken tupfen. Von dem Rucola die groben Stiele abschneiden. Die Salate in sehr kleine Stücke zupfen.

4. Essig mit 3 Esslöffeln Cidre, Salz, Pfeffer und Zucker verrühren. Nussöl und Sonnenblumenöl unterschlagen. Vinaigrette beiseitestellen.

5. Butter in einem Topf zerlassen. Schalottenwürfel darin andünsten. Pilzscheiben hinzugeben und mitdünsten lassen. Mit restlichem Cidre und Sahne ablöschen. Senf und etwas Salz unterrühren. Anschließend das Ragout unter gelegentlichem Rühren cremig einkochen lassen.

6. Estragon abspülen, trocken tupfen und die Blättchen von den Stängeln zupfen. Blättchen klein schneiden und unter das Ragout rühren.

7. Den Backofen vorheizen.
Ober-/Unterhitze: etwa 60 °C

8. Etwas Butter in einer beschichteten Pfanne (Ø 20–22 cm) zerlassen. Aus dem Teig nacheinander 8 dünne Pfannkuchen backen. Dafür den Pfannkuchenteig gut durchrühren. Jeweils eine dünne Teiglage mit einer drehenden Bewegung gleichmäßig auf dem Boden der Pfanne verteilen. Den Pfannkuchen von beiden Seiten goldbraun backen. Bevor der Pfannkuchen gewendet wird, wieder etwas Butter in die Pfanne geben.

9. Die gebackenen Pfannkuchen im vorgeheizten Backofen warm halten.

10. Den vorbereiteten Salat mit der Vinaigrette vermischen.

11. Jeweils etwas Pilzragout in der Mitte eines Pfannkuchens verteilen. Die Seiten der Pfannkuchen je zur Mitte falten.

12. Den Buchweizen-Pfannkuchen mit dem Salat auf Tellern anrichten. Den Käse dünn darüberhobeln.

CAPONATA (SIZILIANISCHES GEMÜSEGERICHT)

Zubereitungszeit: 60 Minuten
Garzeit: etwa 30 Minuten
+ Vegan

ZUTATEN FÜR 4 PORTIONEN

1 kleiner Staudensellerie
1 Bund Frühlingszwiebeln
3 Fleischtomaten (etwa 600 g)
3 Auberginen (etwa 900 g)
3 Zwiebeln (etwa 150 g)
2 Knoblauchzehen
1 Topf Basilikum
4 EL Olivenöl
Salz
gem. Pfeffer
100 g abgetropfte, entsteinte grüne Oliven
150 g abgetropfte, entsteinte schwarze Oliven
200 g abgetropfte Kapernäpfel oder Kapern (aus dem Glas)

PRO PORTION:

E: 7 g, F: 21 g, Kh: 18 g, kcal: 322

1. Staudensellerie putzen, abspülen, abtropfen lassen und in dünne Scheiben schneiden. Frühlingszwiebeln putzen, abspülen, abtropfen lassen, in etwa 2 cm lange Stücke schneiden.

2. Tomaten abspülen, trocken tupfen, halbieren und die Stängelansätze herausschneiden. Die Tomaten grob würfeln. Auberginen abspülen, abtrocknen und die Stängelansätze abschneiden. Auberginen in kleine Stücke schneiden.

3. Den Backofen vorheizen.
Ober-/Unterhitze: etwa 160 °C
Heißluft: etwa 140 °C

4. Zwiebeln und Knoblauch abziehen, fein würfeln. Basilikum abspülen, trocken tupfen und die Blättchen von den Stängeln zupfen. Einige Blättchen zum Garnieren beiseitelegen.

5. Olivenöl in einem ofenfesten Bratentopf erhitzen. Vorbereitete Gemüsestücke darin unter gelegentlichem Rühren portionsweise andünsten, mit etwas Salz und Pfeffer würzen. Das angedünstete Gemüse zurück in den Topf geben. Zwiebel-, Knoblauchwürfel und Basilikumblättchen unterrühren. Das Gemüse zugedeckt etwa 10 Minuten bei mittlerer Hitze kochen lassen, dabei gelegentlich umrühren.

6. Oliven und Kapernäpfel oder Kapern zum Gemüse in den Bratentopf geben. Den Topf ohne Deckel auf dem Rost in den vorgeheizten Backofen schieben. Caponata **etwa 30 Minuten garen.**

7. Den Bratentopf auf einen Rost stellen. Das Gemüse umrühren und evtl. nochmals mit Salz und Pfeffer abschmecken. Caponata mit den beiseitegelegten Basilikumblättchen anrichten und servieren.

CHILI CON SOJASCHNETZEL

Zubereitungszeit: 35 Minuten
Garzeit: etwa 15 Minuten
+ Vegan

ZUTATEN FÜR 4 PORTIONEN

150 g feine Sojaschnetzel
Gemüsebrühe
2 Zwiebeln (etwa 100 g)
2 Knoblauchzehen
½–1 rote Chilischote
je 2 kleine rote und grüne Paprikaschoten (etwa 600 g)
4 EL Olivenöl
1 TL gem. Kreuzkümmel (Cumin)
1 TL Paprikapulver edelsüß
500 ml Gemüsebrühe
500 g passierte Tomaten (aus der Dose oder Tetrapack)
285 g abgetropfter Gemüsemais (aus der Dose)
255 g abgetropfte Kidneybohnen (aus der Dose)
Salz

ZUSÄTZLICH:

5 Stängel glatte Petersilie
3 Stängel Koriander
150 g Hafer- oder Sojakochcreme

PRO PORTION:

E: 32 g, F: 21 g, Kh: 38 g, kcal: 508

1. Sojaschnetzel nach Packungsanleitung mit der Brühe (die auf der Packung angegebene Flüssigkeitsmenge verwenden) zubereiten und quellen lassen. Dann die Sojaschnetzel evtl. in einem Sieb abtropfen lassen.

2. Zwiebeln und Knoblauch abziehen. Zwiebeln in kleine Würfel und Knoblauch in dünne Scheiben schneiden. Chilischote entstielen, abspülen, trocken tupfen und mit den Kernen in dünne Ringe schneiden. Paprikaschoten halbieren, entstielen, entkernen und die weißen Scheidewände entfernen. Schoten abspülen, abtropfen lassen und in etwa 2 cm große Stücke schneiden.

3. Olivenöl in einem Topf erhitzen. Zwiebelwürfel und Knoblauchscheiben darin andünsten. Kreuzkümmel und Paprikapulver unterrühren, ganz kurz mit anrösten. Chilischotenringe unterrühren. Gemüsebrühe mit den passierten Tomaten hinzugeben. Sojaschnetzel mit 2 Gabeln auflockern und mit den Paprikastücken unterheben.

4. Chili zum Kochen bringen und zugedeckt etwa 10 Minuten bei schwacher Hitze kochen lassen, dabei ab und zu umrühren.

5. Mais und Kidneybohnen in ein Sieb geben, mit kaltem Wasser abspülen und gut abtropfen lassen. Mais und Kidneybohnen zum Chili geben, unterrühren und etwa 5 Minuten mitgaren. Chili mit Salz abschmecken.

6. Petersilie und Koriander abspülen, trocken tupfen und die Blättchen von den Stängeln zupfen. Petersilien- und Korianderblättchen getrennt klein schneiden. Petersilie unter das Chili mischen.

7. Das Chili anrichten und mit Koriander bestreuen. Die Kochcreme dazureichen oder auf das Chili geben.

COUSCOUS-LINSEN-SALAT

Zubereitungszeit: 30 Minuten, ohne Abkühl- und Durchziehzeit
+ Vegan

ZUTATEN FÜR 2 PORTIONEN

125 g Couscous
Gemüsebrühe
100 g rote Linsen
etwa 300 ml Wasser
1 kleine Zwiebel
evtl. 1 Knoblauchzehe
1 gelbe Paprikaschote
½ Bio-Salatgurke
3 Tomaten

FÜR DIE SALATSAUCE:

Saft von ½ Zitrone
1–1 ½ EL Olivenöl
Salz, gem. Pfeffer
1 kleine Msp. Chilipulver
Zucker

1 kleines Bund Petersilie

PRO PORTION:

E: 23 g, F: 10 g, Kh: 81 g, kcal: 514

1. Couscous nach Packungsanleitung mit der Brühe (die auf der Packung angegebene Flüssigkeitsmenge verwenden) zubereiten. Couscous erkalten lassen.

2. In der Zwischenzeit die Linsen nach Belieben in einem Sieb mit kaltem Wasser abspülen. Die Linsen nach Packungsanleitung in reichlich Wasser in 10–15 Minuten bissfest garen. Die gegarten Linsen in ein Sieb abgießen und mit kaltem Wasser abschrecken, abtropfen, abkühlen lassen und beiseitestellen.

3. Inzwischen Zwiebel und nach Belieben Knoblauch abziehen, beides fein würfeln. Paprikaschote halbieren, entstielen, entkernen und die weißen Scheidewände entfernen. Die Schote abspülen, abtropfen lassen und in kleine Würfel schneiden. Salatgurke abspülen, abtrocknen und das Ende abschneiden. Gurke längs halbieren. Die Kerne mit einem Teelöffel herausschaben. Das Fruchtfleisch in schmale Streifen schneiden.

4. Tomaten kreuzweise einschneiden und mit kochendem Wasser übergießen. Nach 1–2 Minuten herausnehmen und mit kaltem Wasser abschrecken. Tomaten häuten, halbieren und die Stängelansätze herausschneiden. Tomaten entkernen und in kleine Stücke schneiden.

5. Den Couscous in eine Salatschüssel geben und mit 2 Gabeln etwas auflockern. Zwiebel-, Knoblauch- und Paprikawürfel sowie Gurkenstreifen und Tomatenstücke unter den Couscous heben.

6. Für die Sauce Zitronensaft mit Olivenöl verschlagen, mit Salz, Pfeffer, Chili und 1 Prise Zucker würzen. Die Sauce zum Salat in die Schüssel geben. Die Salatzutaten vermengen. Zuletzt die Linsen vorsichtig unterrühren. Den Couscous-Linsen-Salat gut durchziehen lassen.

7. Petersilie abspülen, trocken tupfen und die Blättchen von den Stängeln zupfen. Blättchen fein schneiden und unter den Salat geben. Den Salat nochmals abschmecken und servieren.

CROSTINI-TRIO

Zubereitungszeit: 10 Minuten

ZUTATEN FÜR 4 PORTIONEN

ZUM VORBEREITEN:

6 Scheiben Roggenmischbrot (je 40–50 g)
1 EL Kokos-Chips

FÜR DEN BELAG:

170 g Erdbeeren
1 TL Agavendicksaft
1–2 Stängel Minze
175 g Zuckermelonen-Fruchtfleisch, z. B. Charentais-, Ogen- oder Cantaloup-Melone (vorbereitet gewogen)
1 saftige Birne (etwa 150 g)
1 TL geschälte Sesamsamen
1 TL flüssiger Honig oder Agavendicksaft
125 g Frischkäse (0,2 % Fett)

PRO PORTION:

E: 10 g, F: 3 g, Kh: 47 g, kcal: 256

1. Zum Vorbereiten die Brotscheiben im Toaster kurz leicht knusprig rösten, dann auf einen Kuchenrost legen. Die Kokos-Chips in einer Pfanne ohne Fett unter Wenden goldbraun rösten und anschließend auf einen Teller geben.

2. Für den Belag Erdbeeren abspülen, trocken tupfen und entstielen. Die Erdbeeren in dünne Scheiben schneiden und in einer Schale mit dem Agavendicksaft mischen.

3. Minze abspülen, trocken tupfen und die Blättchen von den Stängeln zupfen. Blättchen in feine Streifen schneiden.

4. Das Melonen-Fruchtfleisch (geschält und entkernt) in sehr dünne Spalten schneiden.

5. Die Birne schälen, vierteln und das Kerngehäuse entfernen. Birne in kleine Würfel schneiden, mit Sesam und Honig oder Agavendicksaft mischen.

6. Die Brotscheiben halbieren und mit Frischkäse bestreichen. 4 Brothälften mit den Erdbeerscheiben, 4 mit Melonenspalten und Kokos-Chips und 4 mit der Birnen-Sesam-Mischung belegen. Die Erdbeer-Crostini mit den vorbereiteten Minzestreifen bestreuen. Crostini sofort servieren.

TIPP:

Sesamsamen versorgen uns mit einem Mix aus Kalzium, Magnesium, Eisen, Zink, Vitamin E und Folsäure.

CURRYWAFFELN MIT MANGO-MOZZARELLA-SALAT

Zubereitungszeit: 45 Minuten

ZUTATEN FÜR 4 PORTIONEN

FÜR DEN TEIG:

1 rote Peperoni
150 g Butter (zimmerwarm)
Salz
3 EL mildes Currypulver
4 Eier (Größe L, zimmerwarm)
200 g Weizenmehl
100 ml Milch (3,5 % Fett)

FÜR DEN SALAT:

150 g Mango-Fruchtfleisch
1 Bio-Limette (unbehandelt, ungewachst)
150 g Joghurt (3,5 % Fett)
1–2 EL Wasabi-Paste (erhältlich im Asialaden)
500 g gut abgetropfter Mini-Mozzarella
4 Stängel Koriander
100 g Babysalat-Mix

ZUSÄTZLICH:

etwas Speiseöl für das Waffeleisen

PRO PORTION:

E: 42 g, F: 72 g, Kh: 52 g, kcal: 1031

1. Das Waffeleisen vorheizen und den Backofen vorheizen.
Ober-/Unterhitze: etwa 80 °C

2. Für den Teig Peperoni abspülen, trocken tupfen und den Stängelansatz entfernen. Die Peperoni klein schneiden.

3. Die Butter in einer Rührschüssel mit etwas Salz, Curry und Peperoni weiß-schaumig schlagen. Die Eier einzeln mit je 2 Esslöffeln Mehl unterrühren. Das restliche Mehl und die Milch unterrühren.

4. Das Waffeleisen mit Speiseöl bestreichen. Aus dem Teig 8 Waffeln backen. Für jede Waffel 4 Esslöffel Teig in die Mitte des Waffeleisens geben und etwa 4 Minuten backen. Die fertigen Waffeln herausnehmen und im vorgeheizten Backofen warm halten.

5. In der Zwischenzeit für den Salat Mango-Fruchtfleisch in kleine Würfel schneiden. Limette heiß abwaschen, abtrocknen und die Schale abreiben. Limette halbieren, den Saft auspressen und 3 Esslöffel Saft abmessen.

6. Mangowürfel mit Limettenschale, -saft, Joghurt, Wasabi-Paste und etwas Salz verrühren. Mozzarella hinzugeben. Koriander abspülen, trocken tupfen und die Blättchen von den Stängeln zupfen. Blättchen klein schneiden und untermischen.

7. Baby-Salate putzen, abspülen, trocken tupfen oder trocken schleudern. Mozzarella-Salat mit den Salatblättern auf den Waffeln anrichten und sofort servieren.

TIPP:

Anstelle des Salat-Mix können Sie auch Kräuter- und Salatblätter mischen.

EIER-GEMÜSE-PFANNE (SHAKSHUKA)

Zubereitungszeit: 25 Minuten
Garzeit: etwa 15 Minuten

ZUTATEN FÜR 4 PORTIONEN

2 Zwiebeln
2 Knoblauchzehen
3 Fleischtomaten
je 1 rote, gelbe und grüne Paprikaschote
2 Möhren
3 EL Olivenöl
2 EL Tomatenketchup
1 EL Harissa (afrikanische Gewürzpaste)
Salz, gem. Pfeffer
gerebelter Thymian
8 Eier (Größe M)

PRO PORTION:

E: 17 g, F: 20 g, Kh: 19 g, kcal: 338

1. Zwiebeln und Knoblauch abziehen, in kleine Würfel schneiden. Tomaten abspülen, abtropfen lassen, halbieren und die Stängelansätze herausschneiden. Die Tomatenhälften in grobe Würfel schneiden. Paprikaschoten halbieren, entstielen, entkernen und die weißen Scheidewände entfernen. Schoten abspülen, abtropfen lassen und klein würfeln. Die Möhren putzen, schälen, abspülen, abtropfen lassen und in Scheiben schneiden.

2. Das Olivenöl in einer großen Pfanne erhitzen. Knoblauch- und Zwiebelwürfel darin andünsten. Tomaten-, Paprikawürfel und Möhrenscheiben hinzugeben, zum Kochen bringen und etwa 15 Minuten bei mittlerer Hitze garen. Das Gemüse mit Ketchup, Harissa, Salz, Pfeffer und Thymian würzen.

3. Eier vorsichtig aufschlagen und auf das gegarte Gemüse setzen. Die Eier stocken lassen. Die Eier-Gemüse-Pfanne sofort servieren.

EINTOPF VON GRÜNEN UND WEISSEN BOHNEN

Zubereitungszeit: 60 Minuten
Garzeit: etwa 25 Minuten
+ Vegan

ZUTATEN FÜR 4 PORTIONEN

2 kleine rote Zwiebeln
2 Knoblauchzehen
300 g grüne Bohnen (Brechbohnen)
300 g Schneidebohnen (breite Bandbohnen)
300 g festkochende Kartoffeln
2 EL Olivenöl
1 ½ l vegane Gemüsebrühe
Salz
gem. Pfeffer
4 Stängel Bohnenkraut
16 Cocktailtomaten
1 Bund Salbei
3 EL Olivenöl
230 g abgetropfte weiße Bohnen (aus der Dose)

PRO PORTION:

E: 11 g, F: 7 g, Kh: 31 g, kcal: 230

1. Zwiebeln und Knoblauch abziehen, klein würfeln. Von den Bohnen die Enden abschneiden, evtl. abfädeln. Bohnen abspülen, abtropfen lassen und schräg in Stücke schneiden. Kartoffeln schälen, abspülen, abtropfen lassen und in Würfel schneiden.

2. Olivenöl in einem großen Topf erhitzen. Zwiebel- und Knoblauchwürfel darin andünsten. Die Bohnenstücke und Kartoffelwürfel hinzugeben, kurz mit andünsten. Gemüsebrühe hinzugießen. Mit Salz und Pfeffer würzen. Die Zutaten zum Kochen bringen. Bohnenkraut abspülen, trocken tupfen und in den Topf geben. Den Eintopf zugedeckt etwa 20 Minuten bei schwacher Hitze kochen lassen.

3. Cocktailtomaten abspülen, trocken tupfen und die Stängelansätze herausschneiden. Salbei abspülen, trocken tupfen und die Blättchen von den Stängeln zupfen.

4. Olivenöl in einer Pfanne erhitzen. Die Salbeiblättchen darin von beiden Seiten knusprig braun braten.

5. Nach etwa 20 Minuten Garzeit die weißen Bohnen und Cocktailtomaten in den Eintopf geben, wieder zum Kochen bringen und weitere etwa 5 Minuten kochen lassen. Den Eintopf mit Salz und Pfeffer abschmecken. Bohnenkrautstängel herausnehmen. Den Eintopf in tiefen Tellern anrichten und mit den Salbeiblättchen garnieren.

BEILAGE:

Mit Butter bestrichenes und mit Schnittlauchröllchen bestreutes Bauernbrot.

ENCHILADAS MIT MANGO-TOMATEN-SAUCE

● Zubereitungszeit: 45 Minuten
Backzeit: 16–18 Minuten

ZUTATEN FÜR 4 PORTIONEN

FÜR DIE ENCHILADAS-FÜLLUNG:

200 g rote Zwiebeln
450 g rote Paprikaschoten
250 g Süßkartoffeln
40 g Walnusskerne
3 EL Maiskeimöl
1 gestr. EL Cumin (gem. Kreuzkümmel)
Salz
720 g abgetropfte Kidneybohnen (aus der Dose)

FÜR DIE MANGO-TOMATEN-SAUCE:

½–1 rote Chilischote
1 kleine Mango (etwa 350 g)
300 g passierte Tomaten (aus dem Tetrapak)
125 g Kokosmilch

12 Tortilla-Mais-Fladen (ø je 18–20 cm)
20 g getrocknete Cranberrys
75 g junger Gouda, geraspelt
12 Stängel Koriander
1 Bio-Limette (unbehandelt, ungewachst)

PRO PORTION:

E: 37 g, F: 39 g, Kh: 127 g, kcal: 1060

1. Für die Füllung 125 g der Zwiebeln abziehen, halbieren und in feine Streifen schneiden. Paprikaschoten halbieren, entstielen, entkernen und die weißen Scheidewände entfernen. Schoten abspülen, abtropfen lassen und in feine Streifen schneiden. Süßkartoffeln schälen, abspülen, abtropfen lassen und grob raspeln. Die Walnusskerne hacken.

2. Maiskeimöl in einer großen Pfanne erhitzen. Die vorbereiteten Zutaten mit Cumin in einer großen Pfanne unter mehrmaligem Wenden etwa 5 Minuten kräftig andünsten und mit Salz würzen. Kidneybohnen in ein Sieb geben, mit kaltem Wasser abspülen und gut abtropfen lassen. Die Bohnen zu dem angedünsteten Gemüse, den Walnusskernen und Kartoffeln geben und untermischen.

3. Den Backofen vorheizen.
Ober-/Unterhitze: etwa 200 °C
Heißluft: etwa 200 °C

4. Für die Sauce die restlichen Zwiebeln abziehen und fein würfeln. Chili abspülen, abtropfen lassen, entstielen und mit den Kernen klein schneiden. Fruchtfleisch der ungeschälten Mango an beiden Seiten vom Stein schneiden, in breite Streifen schneiden, schälen und in kleine Würfel schneiden. Zwiebelwürfel mit Chili, Mango, passierten Tomaten und Kokosmilch fein pürieren. Mit Salz würzen.

5. Die Bohnen-Gemüse-Masse in die Mitte der Tortillafladen geben und längs darauf verteilen. Die Seiten auf die Bohnen-Gemüse-Masse schlagen und die Fladen aufrollen. Mit der Naht nach unten in eine große oder 4 kleine Auflaufformen (gefettet) legen. Die Mango-Tomaten-Sauce über die Mitte der Rollen gießen. Mit den Cranberrys und dem geraspeltem Gouda bestreuen.

6. Die Form oder Formen auf dem Rost in den vorgeheizten Backofen (unteres Drittel) schieben. Enchiladas in **16–18 Minuten goldbraun backen.**

7. In der Zwischenzeit Koriander abspülen, trocken tupfen und die Blättchen von den Stängeln zupfen. Blättchen grob zerschneiden. Limette heiß abwaschen, abtrocknen und vierteln.

8. Enchiladas anrichten und mit Koriander bestreut servieren. Limettenviertel dazureichen.

ERBSEN-MÖHREN-EINTOPF MIT TOFUWÜRSTCHEN

Zubereitungszeit: 15 Minuten
Garzeit: etwa 15 Minuten
+ Vegan

ZUTATEN FÜR 4 PORTIONEN

2 Zwiebeln
400 g Möhren
200 g Staudensellerie
2 EL Speiseöl
600 g TK-Erbsen
Salz
gem. Pfeffer
1,2 l Gemüsebrühe
4 Stängel Liebstöckel
4 geräucherte Tofuwürstchen

PRO PORTION:

E: 22 g, F: 11 g, Kh: 27 g, kcal: 301

1. Die Zwiebeln abziehen und in kleine Würfel schneiden. Möhren putzen, schälen, abspülen, abtropfen lassen und in Scheiben schneiden. Staudensellerie putzen, abspülen, abtropfen lassen und in Stücke schneiden.

2. Das Speiseöl in einem Topf erhitzen. Möhrenscheiben, Selleriewürfel und die Erbsen hinzugeben. Die Zutaten mit Salz und Pfeffer würzen. Gemüsebrühe hinzugießen und alles zum Kochen bringen. Den Erbsen-Möhren-Eintopf zugedeckt etwa 15 Minuten kochen lassen.

3. In der Zwischenzeit Liebstöckel abspülen, trocken tupfen und die Blättchen von den Stängeln zupfen. Blättchen klein schneiden.

4. Die Tofuwürstchen in mundgerechte Stücke schneiden, in den Eintopf geben und miterhitzen. Liebstöckel unterrühren. Den Erbsen-Möhren-Eintopf anrichten und servieren.

TIPPS:

Sie können auch frisch gepalte Erbsen verwenden. Möhren aus Deutschland werden im Sommer als Bund- und Waschmöhren angeboten, dann folgen Herbst- und Wintermöhren. Möhren sind reich an Beta-Carotin (Vorstufe von Vitamin A) und sollten immer mit etwas Fett zubereitet werden, damit der Körper das Carotin besser verwerten kann. Möhren sind kalorienarm und dabei ballaststoffreich. Würziger schmeckt der Eintopf, wenn Sie je 200 g Möhren und Petersilienwurzeln verwenden. Ersetzen Sie dann den Liebstöckel durch Blattpetersilie. Statt der Tofuwürstchen können Sie auch fränkische Seitanwürstchen verwenden. Braten Sie diese in etwas Fett an, schneiden sie in mundgerechte Stücke und geben sie dann in den Eintopf. Sie können auch in der Pfanne geröstete vegane Brotwürfel (Croûtons) in die Suppe geben.

FALAFEL AUS GELBEN LINSEN

🕒 Zubereitungszeit: 40 Minuten, ohne Einweichzeit
+ Vegan

ZUTATEN FÜR 4–6 PORTIONEN (30 STÜCK)

ZUM VORBEREITEN:

175 g gelbe Linsen

FÜR DIE FALAFEL:

50 g Frühlingszwiebeln
2 Knoblauchzehen
1 getrocknetes Kaffir-Limettenblatt
1 Bio-Limette (unbehandelt, ungewachst)
12 Stängel Koriander
4 EL Wasser
2 EL mildes Currypulver
1 EL Sambal Oelek
Salz

FÜR DEN MANGO-DIP:

75 g Mango-Fruchtfleisch (vorbereitet gewogen)
20 g frischer Ingwer
150 g Cocktailtomaten
1 EL geröstetes Sesamöl
4 Basilikumblättchen

ZUM FRITTIEREN:

1 l Speiseöl, z. B. Sonnenblumenöl

PRO PORTION:

E: 10 g, F: 11 g, Kh: 27 g, kcal: 245

1. Zum Vorbereiten die Linsen über Nacht in reichlich kaltem Wasser einweichen.

2. Am nächsten Tag die Linsen in ein Sieb geben und abtropfen lassen.

3. Für die Falafel Frühlingszwiebeln putzen, abspülen, abtropfen lassen und in feine Scheiben schneiden. Knoblauch abziehen und grob würfeln. Das Kaffir-Limettenblatt fein zerbröseln.

4. Die Limette heiß abwaschen, abtrocknen und die Schale fein abreiben. Die Limette beiseitelegen. Koriander abspülen, trocken tupfen und die Blättchen von den Stängeln zupfen. Blättchen grob zerschneiden.

5. Linsen, Frühlingszwiebelscheiben, Knoblauchwürfel, Kaffir-Limettenblatt, Limettenschale und Koriander in einen hohen Rührbecher geben. Wasser, Curry, Sambal Oelek und Salz hinzufügen. Die Zutaten mit einem Pürierstab zu einer groben Paste pürieren.

6. Für den Dip das Mango-Fruchtfleisch in feine Würfel schneiden. Ingwer schälen und sehr fein würfeln. Die beiseitegelegte Limette halbieren, den Saft auspressen und 3 Esslöffel davon abmessen. Tomaten abspülen, abtrocknen, halbieren und die Stängelansätze herausschneiden. Tomatenhälften klein schneiden. Die Mangowürfel mit Ingwerwürfeln, abgemessenem Limettensaft und Tomatenstücken in eine Schüssel geben. Das Sesamöl unterrühren.

7. Basilikumblättchen abspülen, trocken tupfen, fein schneiden und unter den Mango-Dip rühren.

8. Das Speiseöl in einer Fritteuse auf etwa 180 °C erhitzen. Aus der Linsenmasse mit 2 Teelöffeln insgesamt 30 kleine, längliche Klößchen formen. Die Klößchen in dem heißen Speiseöl portionsweise jeweils etwa 5 Minuten goldbraun ausbacken.

9. Die fertigen Falafel mit einem Schaumlöffel herausnehmen und auf Küchenpapier abtropfen lassen. Die Falafel warm mit dem Mango-Dip servieren.

FALAFEL MIT RADIESCHENSALAT

Zubereitungszeit: 60 Minuten
Garzeit: etwa 10 Minuten

ZUTATEN FÜR 2 PORTIONEN

425 g abgetropfte Kichererbsen (aus der Dose)
1 kleine Zwiebel
1 Knoblauchzehe
1 EL Sonnenblumenöl
Salz
1 TL gem. Kreuzkümmel (Cumin)
1 Ei (Größe S)
1 Msp. Cayennepfeffer
½ Bund Marokkanische Minze oder ½ Bund glatte Petersilie
2–3 EL Semmelbrösel
1 Bund Radieschen
2 EL Sonnenblumenöl

FÜR DEN ZITRONEN-SCHMAND-DIP:

100 g Schmand (Sauerrahm)
1 Msp. gem. Kreuzkümmel (Cumin)
1 Msp. Cayennepfeffer
½ Bio-Zitrone (unbehandelt, ungewachst)
Zucker
1 EL Sonnenblumenöl

PRO PORTION:

E: 24 g, F: 42 g, Kh: 55 g, kcal: 699

1. Die Kichererbsen in ein Sieb geben, mit kaltem Wasser abspülen und gut abtropfen lassen. Zwiebel und Knoblauch abziehen. Zwiebel klein würfeln. Knoblauch durch eine Knoblauchpresse drücken.

2. Sonnenblumenöl in einer Pfanne erhitzen. Zwiebelwürfel und Knoblauch darin andünsten, mit Salz und Kreuzkümmel würzen.

3. Kichererbsen mit dem Ei in einen Rührbecher geben und fein pürieren. Die Masse mit Salz und Cayennepfeffer würzen. Zwiebel-Knoblauch-Masse unterziehen.

4. Minze oder Petersilie abspülen, trocken tupfen und die Blättchen von den Stängeln zupfen. Die Hälfte der Blättchen klein schneiden und mit den Semmelbröseln unter die Kichererbsenmasse mischen (die Masse soll trocken und formbar sein). Die Masse nochmals mit den Gewürzen abschmecken.

5. Radieschen putzen, abspülen, gut abtropfen lassen und auf einem Gemüsehobel in feine Scheiben hobeln. Die Scheiben mit ½ gestrichenen Teelöffel Salz bestreuen.

6. Sonnenblumenöl in einer Pfanne erhitzen. Aus der Falafelmasse mit angefeuchteten Händen 6–8 kleine, frikadellenartige Falafel formen. Diese in der Pfanne bei mittlerer Hitze in etwa 10 Minuten von allen Seiten goldgelb braten.

7. Für den Zitronen-Schmand-Dip Schmand mit Salz, Kreuzkümmel und Cayennepfeffer würzen. Zitrone heiß abwaschen, abtrocknen und die Schale abreiben. Von der Zitronenhälfte den Saft auspressen. Schmand mit Zitronenschale, -saft und 1 Prise Zucker abschmecken.

8. Die Radieschenscheiben mit Sonnenblumenöl und den restlichen Kräuterblättchen vermengen, mit den Falafeln und dem Dip servieren.

FALAFEL-TALER IM PITA-BROT

● Zubereitungszeit: 25 Minuten, ohne Einweichzeit
Garzeit: etwa 40 Minuten

ZUTATEN FÜR 4 PORTIONEN

ZUM VORBEREITEN:

125 g getrocknete Kichererbsen

FÜR DIE FALAFEL-TALER:

150 ml Gemüsebrühe
1 kleine Gemüsezwiebel (etwa 150 g)
1–2 Knoblauchzehen
½ Bund Petersilie
2–3 Stängel Minze
Salz
gem. Pfeffer
gem. Kümmel
gem. Koriander
Paprikapulver edelsüß
20 g Speisestärke
1 Ei (Größe S)

1–2 EL Speiseöl
4 Salatblätter (wenn vorhanden)
2 Tomaten
4 Pita-Brottaschen aus Weizenmehl (aus dem Brotregal)
200–250 g Kräuterquark

PRO PORTION:

E: 19 g, F: 12 g, Kh: 60 g, kcal: 439

1. Zum Vorbereiten am Vorabend die Kichererbsen in einer Schüssel mit kaltem Wasser gut übergießen und über Nacht quellen lassen.

2. Am nächsten Tag die gequollenen Kichererbsen in einem Sieb abtropfen lassen. Dann die Kichererbsen mit der Brühe in den Topf geben, zum Kochen bringen und zugedeckt bei mittlerer Hitze in etwa 30 Minuten gar kochen, dabei die Packungsanleitung beachten. Die Kichererbsen in einem Sieb abtropfen lassen.

3. Zwiebel und Knoblauch abziehen und grob würfeln. Petersilie und Minze abspülen, trocken tupfen und die Blättchen von den Stängeln zupfen. Die Minzeblättchen fein schneiden. Abgetropfte Kichererbsen, Zwiebel-, Knoblauchwürfel und Petersilienblättchen mit dem Pürierstab fein pürieren.

4. Die Kichererbsenmasse mit Salz, Pfeffer, Kümmel, Koriander, Paprika und Minze pikant abschmecken. Speisestärke und Ei hinzufügen, nochmals kurz pürieren.

5. Aus der Kichererbsenmasse mit den Händen 4 gleich große Taler formen. Speiseöl in der Pfanne erhitzen. Die Taler bei mittlerer Hitze von jeder Seite in etwa 3 Minuten goldbraun braten. Die Falafel-Taler aus der Pfanne nehmen, auf Küchenpapier legen und etwas abkühlen lassen.

6. Evtl. Salatblätter abspülen und trocken tupfen. Tomaten abspülen, abtrocknen und die Stängelansätze herausschneiden. Tomaten in Scheiben schneiden.

7. Pita-Taschen im Toaster nach Packungsanleitung rösten, kurz abkühlen lassen und einschneiden, aber nicht durchschneiden. Brottaschen portionsweise mit Kräuterquark, Salatblättern, Falafel-Talern und Tomatenscheiben füllen. Die gefüllten Brottaschen sofort servieren.

FARFALLE-GRATIN MIT SPINAT

Zubereitungszeit: 35 Minuten, ohne Auftauzeit
Überbackzeit: etwa 25 Minuten

ZUTATEN FÜR 2 PORTIONEN

450 g TK-Blattspinat
250 g Farfalle (Schmetterlingsnudeln)
Salz
3 Fleischtomaten
1 Knoblauchzehe
125 g abgetropfter Mozzarella
gem. Pfeffer
ger. Muskatnuss
200 g Schlagsahne
50 g ger. Käse,
z. B. Gouda

PRO PORTION:

E: 22 g, F: 30 g, Kh: 50 g, kcal: 577

1. TK-Blattspinat nach Packungsanleitung auftauen.

2. Nudeln in reichlich kochendem Salzwasser nach Packungsanleitung bissfest garen. Die gegarten Nudeln in ein Sieb geben, mit heißem Wasser abspülen und abtropfen lassen.

3. Den Backofen vorheizen.
Ober-/Unterhitze: etwa 200 °C
Heißluft: etwa 180 °C

4. Tomaten kreuzweise einschneiden und mit kochendem Wasser übergießen. Nach 1–2 Minuten herausnehmen und mit kaltem Wasser abschrecken.

5. Die Tomaten häuten, halbieren und die Stängelansätze herausschneiden. Tomatenhälften in Würfel schneiden. Knoblauch abziehen und durch eine Knoblauchpresse drücken. Mozzarella in kleine Würfel schneiden.

6. Spinat mit Nudeln, Tomatenwürfeln und Knoblauch vermengen und in eine große Gratinform (gefettet) oder in 4 kleine Gratinförmchen (gefettet) geben. Mit Salz, Pfeffer und Muskat würzen. Sahne darauf verteilen. Mit geriebenem Käse und Mozzarellawürfeln bestreuen.

7. Die Form oder Förmchen auf dem Rost in den vorgeheizten Backofen schieben. Gratin **etwa 25 Minuten überbacken.**

FARMER'S MARKET SANDWICH „CALIFORNIA STYLE"

Zubereitungszeit: 35 Minuten
Grillzeit: etwa 10 Minuten

ZUTATEN FÜR 4 PORTIONEN

5 Stängel Thymian
55 g getrocknete Soft-Tomaten
25 g mittelscharfer Senf
125 ml Ahornsirup
Salz
gem. schwarzer Pfeffer
225 g Zucchini
2 EL Maiskeimöl
30 g Rucola (Rauke)
300 g Tomaten
240 g kleine, runde Ziegenfrischkäse, z. B. Picandou
8 Scheiben Sandwichbrot mit Vollkorn (je etwa 40 g)
30 g Butter (zimmerwarm)

PRO PORTION:

E: 19 g, F: 25 g, Kh: 61 g, kcal: 562

1. Thymian abspülen, trocken tupfen und die Blättchen von den Stängeln zupfen. Die Thymianblättchen mit Tomaten, Senf, Ahornsirup, etwas Salz und reichlich schwarzem Pfeffer in einen Blitzhacker geben und fein pürieren. Zucchini abspülen, abtrocknen und die Enden abschneiden. Zucchini in dünne Scheiben schneiden.

2. Maiskeimöl in einer Pfanne erhitzen. Die Zucchinischeiben darin von beiden Seiten bei mittlerer Hitze etwa 3 Minuten braten und anschließend leicht mit Salz würzen.

3. Rucola putzen und die dicken Stiele entfernen. Rucola abspülen und trocken tupfen. Tomaten abspülen, trocken tupfen und die Stängelansätze herausschneiden. Danach Tomaten in Scheiben schneiden. Ziegenfrischkäse waagerecht durchschneiden.

4. Alle Sandwichscheiben mit dem Tomaten-Thymian-Püree bestreichen. Die Hälfte der Sandwichscheiben zuerst mit den Tomaten-, dann mit den Ziegenkäsescheiben, Rucola und zuletzt mit den Zucchinischeiben belegen. Mit den restlichen Sandwichscheiben belegen und leicht zusammendrücken. Alle 4 oberen Sandwichscheiben mit der Hälfte der Butter bestreichen.

5. Eine Grillpfanne bei mittlerer Hitze heiß werden lassen. Die Sandwiches mit der Butterseite nach unten in die Grillpfanne legen und in etwa 5 Minuten goldbraun grillen (braten). Dabei die restliche Butter auf die oberen, nicht bestrichenen Sandwichscheiben streichen. Sandwiches wenden und in weiteren 4–5 Minuten goldbraun grillen (braten). Die Sandwiches warm servieren.

TIPP:

Die Sandwiches in einem Kontaktgrill zubereiten.

FEIGEN IN KARAMELLSIRUP MIT ANANASMINZ-ZABAIONE

◷ Zubereitungszeit: 15 Minuten, ohne Abkühlzeit

ZUTATEN FÜR 4 PORTIONEN

4 Stängel frische Ananasminze
50 g Zucker
250 ml Wasser
16 frische Feigen
2 Eigelb (Größe M)

PRO PORTION:

E: 5 g, F: 5 g, Kh: 49 g, kcal: 261

1. Ananasminze abspülen und gut trocken tupfen. Die Spitzen von den Stängeln schneiden und zum Garnieren beiseitelegen.

2. Restliche Blättchen von den Stängeln zupfen. Blättchen in feine Streifen schneiden. Die Stängel mit dem Messerrücken etwas schlagen, damit sie ihr Aroma nachher im Karamellsirup besser entfalten können.

3. Den Zucker in einem Topf goldgelb karamellisieren. Den Topf von der Kochstelle nehmen. Mit dem Wasser ablöschen (Vorsicht: Es spritzt!). Minzestängel hinzugeben. Die Karamellmasse zum Kochen bringen und bei schwacher Hitze kochen lassen, bis sich der Karamell aufgelöst hat. Dabei gelegentlich umrühren.

4. Die Feigen entstielen, vorsichtig schälen und in den Karamellsirup legen. Wieder zum Kochen bringen und 1–2 Minuten bei schwacher Hitze kochen lassen. Den Topf von der Kochstelle nehmen.

5. Die Feigen mit einer Schaumkelle aus dem Sirup heben, abtropfen lassen und beiseitelegen. Karamellsirup durch ein Sieb passieren, wieder in den Topf geben, zum Kochen bringen und um die Hälfte (etwa 150 ml) einkochen, abkühlen lassen.

6. Eigelb in einer Edelstahlschüssel mit einem Schneebesen verrühren. Karamellsirup nach und nach unterrühren. Die Eigelb-Sirup-Masse über dem heißen Wasserbad schlagen, bis ein dicklicher Schaum entstanden ist (Wasser im Topf sollte kurz vorm Kochen sein/nicht kochen). Dann die Minzestreifen unter die Zabaione heben.

7. Feigen mit der Zabaione anrichten und mit den beiseitegelegten Minzespitzen garniert sofort servieren.

FETA AUF BLATTSPINAT, GEBRATEN

Zubereitungszeit: 30 Minuten

ZUTATEN FÜR 4 PORTIONEN

20 g Pinienkerne
1 kg Blattspinat
1 Zwiebel
1 Knoblauchzehe
2 EL Sonnenblumenöl
4 Tomaten
Salz
gem. Pfeffer
ger. Muskatnuss

FÜR DEN FETA:

400 g Fetakäse
1 Ei (Größe M)
3–4 EL Semmelbrösel
½–1 TL gerebelter Thymian oder
klein geschnittene Thymianblättchen
3–4 EL Sonnenblumenöl

PRO PORTION:

E: 26 g, F: 42 g, Kh: 12 g, kcal: 540

1. Pinienkerne in einer Pfanne ohne Fett unter Wenden goldbraun rösten, herausnehmen, auf einen Teller geben und beiseitestellen.

2. Spinat verlesen, dabei die dicken Stiele entfernen. Spinat gründlich waschen und abtropfen lassen.

3. Zwiebel und Knoblauch abziehen, in kleine Würfel schneiden. Das Sonnenblumenöl in einem Topf erhitzen. Zwiebel- und Knoblauchwürfel darin unter Rühren in 2–3 Minuten goldgelb andünsten. Den Spinat hinzugeben und zugedeckt bei mittlerer Hitze etwa 5 Minuten garen, dabei gelegentlich umrühren.

4. In der Zwischenzeit Tomaten abspülen, trocken tupfen, halbieren und die Stängelansätze herausschneiden. Tomaten grob würfeln, zum Spinat geben und kurz miterwärmen. Gemüse mit Salz, Pfeffer und Muskat würzen.

5. Für den Feta Fetakäse in etwa 2 cm dicke Streifen schneiden. Ei in einem tiefen Teller verschlagen. Für die Panade Semmelbrösel mit Thymian in einem zweiten Teller mischen. Käsestreifen zuerst durch das verschlagene Ei ziehen, am Tellerrand abstreifen und dann in der Panade wenden. Die Panade etwas andrücken.

6. Das Sonnenblumenöl in einer Pfanne erhitzen. Die Käsestreifen darin bei mittlerer Hitze von jeder Seite goldbraun braten.

7. Zum Servieren die beiseitegestellten Pinienkerne auf das Spinatgemüse streuen und die Käsestreifen darauf anrichten.

TIPPS:

Dazu schmeckt Fladenbrot. Der Käse läuft beim Backen etwas auseinander, deshalb zum Wenden der Käsestreifen einen Pfannenwender benutzen.

FRANZÖSISCHE GEMÜSE-SUPPE (SOUPE AU PISTOU)

Zubereitungszeit: 30 Minuten, ohne Einweichzeit
Garzeit: etwa 60 Minuten

ZUTATEN FÜR 6 PORTIONEN

ZUM VORBEREITEN:

75 g getrocknete weiße Bohnen

500 ml Gemüsebrühe
2 Möhren (etwa 200 g)
2 Kartoffeln (etwa 250 g)
1 Stange Lauch (etwa 200 g)
250 g grüne Bohnen
1 kleine Zucchini (150–200 g)
2 Zwiebeln
3 Tomaten
2–3 EL Rapsöl
1 ½ l Gemüsebrühe
Salz, gem. Pfeffer
gerebelter Thymian
3–4 Scheiben Vollkorn-Toastbrot

FÜR DEN PISTOU:

4 Knoblauchzehen
1 EL Tomatenmark
2 EL sehr fein geschnittene Basilikumblätter
2 EL ger. Parmesan
3 EL Olivenöl

PRO PORTION:

E: 10 g, F: 12 g, Kh: 24 g, kcal: 261

1. Zum Vorbereiten am Vorabend die weißen Bohnen in einem kleinen Topf mit 500 ml kaltem Wasser über Nacht quellen lassen.

2. Die Bohnen am nächsten Tag mit dem Einweichwasser und Brühe zum Kochen bringen. Bohnen zugedeckt etwa 60 Minuten garen, dabei die Packungsanleitung beachten.

3. In der Zwischenzeit Möhren putzen. Möhren und Kartoffeln schälen, abspülen, abtropfen lassen und klein würfeln. Lauch putzen, die Stange längs halbieren, gründlich waschen und abtropfen lassen. Lauch in Streifen schneiden.

4. Von den grünen Bohnen die Enden abschneiden, evtl. abfädeln. Die Bohnen abspülen, abtropfen lassen und in Stücke schneiden. Zucchini abspülen, abtrocknen und die Enden abschneiden. Zucchini in kleine Stücke schneiden. Zwiebeln abziehen und fein würfeln.

5. Die Tomaten kreuzweise einschneiden, mit kochendem Wasser übergießen, nach 1–2 Minuten herausnehmen und mit kaltem Wasser abschrecken. Tomaten häuten, halbieren, entkernen, dabei die Stängelansätze herausschneiden. Tomatenhälften würfeln.

6. Rapsöl in einem großen Topf erhitzen. Zwiebelwürfel darin andünsten. Tomatenwürfel kurz mitdünsten. Vorbereitetes Gemüse mit den Kartoffeln hinzufügen. Brühe hinzugießen. Die Zutaten zum Kochen bringen, mit Salz, Pfeffer und Thymian würzen. Die Gemüsesuppe in etwa 15 Minuten gar kochen.

7. In der Zwischenzeit die Toastbrotscheiben würfeln, in einer Pfanne ohne Fett hellbraun rösten, herausnehmen und abkühlen lassen.

8. Für den Pistou Knoblauch abziehen, durch eine Knoblauchpresse drücken, mit Tomatenmark, Basilikum und Parmesan verrühren. Nach und nach Olivenöl hinzufügen, so lange rühren, bis eine cremige Sauce entstanden ist.

9. Die weißen Bohnen mit der Kochflüssigkeit unter die Suppe rühren, kurz aufkochen lassen. Die Suppe evtl. nochmals mit den Gewürzen abschmecken, mit den Toastbrotwürfeln und dem Pistou servieren.

FRITTATA MIT GEMÜSE

Zubereitungszeit: 20 Minuten
Garzeit: 14–16 Minuten

ZUTATEN FÜR 2 PORTIONEN

1 kleine rote Paprikaschote (etwa 150 g)
2 Frühlingszwiebeln
1 EL Olivenöl
4–5 Stängel Basilikum
3 Eier (Größe M)
2 EL Schlagsahne
Salz
gem. Pfeffer
1 EL Olivenöl

PRO PORTION:

E: 11 g, F: 22 g, Kh: 8 g, kcal: 280

1. Paprikaschote halbieren, entstielen, entkernen und die weißen Scheidewände entfernen. Die Schote abspülen, abtrocknen, grob raspeln oder hobeln oder in ganz feine Streifen schneiden.

2. Frühlingszwiebeln putzen, abspülen, abtropfen lassen und in feine Scheiben schneiden.

3. Olivenöl in der Pfanne erhitzen. Paprikaraspel oder -streifen und Frühlingszwiebelscheiben darin etwa 6 Minuten unter gelegentlichem Rühren bissfest dünsten. Gemüse aus der Pfanne nehmen und auf einen Teller geben.

4. Basilikum abspülen, trocken tupfen und die Blättchen von den Stängeln zupfen. Einige Blättchen zum Garnieren beiseitelegen. Restliche Blättchen unter das Gemüse rühren.

5. Eier mit Sahne, Salz und Pfeffer in einer Schüssel kurz verschlagen. Gemüse unterrühren.

6. Olivenöl in einer Pfanne erhitzen. Die Eier-Gemüse-Masse hineingeben und zugedeckt 8–10 Minuten bei schwacher Hitze stocken lassen, bis keine Flüssigkeit mehr vorhanden ist und die Frittata sich leicht mit einem Pfannenwender vom Pfannenrand und -boden lösen lässt.

7. Frittata aus der Pfanne auf einen großen Teller gleiten lassen. Frittata vierteln, warm oder kalt servieren, mit den beiseitegelegten Basilikumblättchen garnieren.

FRÜHJAHRS-KIMTSCHI

Zubereitungszeit: 20 Minuten, ohne Durchziehzeit
+ Vegan

ZUTATEN FÜR 4 PORTIONEN

125 g Möhren
200 g Rettich
200 g Chinakohl
75 g Frühlingszwiebeln
1 rote Peperoni (etwa 15 g)
1 Knoblauchzehe
15 g frischer Ingwer
1 gestr. TL Salz
2 EL Paprikapulver rosenscharf oder edelsüß nach Geschmack

PRO PORTION:

E: 2 g, F: 1 g, Kh: 7 g, kcal: 45

1. Möhren und Rettich putzen, schälen, abspülen und abtropfen lassen. Chinakohl putzen. Den Kohl vierteln und den Strunk herausschneiden. Kohl abspülen, abtropfen lassen und in feine, kurze Streifen schneiden. Die Frühlingszwiebeln putzen, abspülen und abtropfen lassen, das dunkle Grün abschneiden. Möhren, Rettich, Chinakohl und Frühlingszwiebeln (nur das Weiße) in etwa 1 cm breite Stücke schneiden.

2. Peperoni halbieren, entstielen, entkernen, abspülen und abtropfen lassen. Die Peperoni in dünne Streifen schneiden. Den Knoblauch abziehen. Ingwer schälen. Knoblauch und Ingwer grob zerschneiden.

3. Die Gemüsestücke mit Peperoni, Knoblauch und Ingwer in einer Küchenmaschine mit dem Schneidmesser (oder mit dem Universalzerkleinerer) in kleine Stücke schneiden. Anschließend mit dem Salz und Paprika in einer Schüssel (am besten Porzellan oder Steingut) mischen, zugedeckt 2–3 Tage im Gemüsefach des Kühlschrankes durchziehen lassen.

TIPP:

Dazu passt z. B. gebratener Tofu. Dafür den Tofu in Dreiecke schneiden, in verschlagenem Eiweiß wenden, etwas abtropfen lassen, in geschältem Sesam wälzen und anschließend in Rapsöl goldbraun braten.

FRÜHSTÜCK MIT GETREIDEKEIMLINGEN

Zubereitungszeit: 20 Minuten

ZUTATEN FÜR 2 PORTIONEN

40 g frische Getreidekeimlinge (aus dem Kühlregal vom Bioladen oder selbst gezogen)
2 kleine Möhren (etwa 150 g)
1 Stück Knollensellerie (etwa 150 g)
1 kleiner, säuerlicher Apfel (etwa 150 g)
150 g Kefir (1,5 % Fett)
2 Bananen
4 EL klein geschnittene Zitronenmelisseblättchen
einige Zitronenmelisseblättchen

PRO PORTION:

E: 6 g, F: 3 g, Kh: 41 g, kcal: 241

1. Getreidekeimlinge evtl. verlesen, in ein Sieb geben, mit heißem Wasser gründlich abspülen und abtropfen lassen.

2. Möhren und Sellerie putzen, schälen, abspülen und abtropfen lassen. Apfel abspülen, abtrocknen, halbieren und entkernen. Möhren, Sellerie und Apfel in grobe Stücke schneiden.

3. Keimlinge und Kefir in einen Rührbecher geben und kurz mit dem Pürierstab pürieren. Möhren-, Sellerie- und Apfelstücke hinzufügen, ebenfalls pürieren.

4. Bananen schälen, 4–6 Scheiben davon abschneiden und zum Garnieren beiseitelegen. Restliche Bananen in kleine Würfel schneiden und unter die Keimling-Mischung heben. Klein geschnittene Zitronenmelisse ebenfalls unterheben.

5. Das Frühstück in 2 Schalen anrichten, mit beiseitegelegten Bananenscheiben und abgespülten, trocken getupften Zitronenmelisseblättchen garniert servieren.

TIPPS:

Getreidekeimlinge sind im Bioladen oder Reformhaus nicht immer und überall vorrätig. Sie können Keimlinge aber auch selber ziehen. Dafür brauchen Sie ein spezielles Keimglas (mit Deckel und Halterung, aus dem Bioladen) und 1 Esslöffel keimfähige Weizenkörner. Die Weizenkörner verlesen und eventuelle Steinchen, Fremdsamen und beschädigte Körner entfernen. Weizenkörner abspülen und in das saubere Keimglas füllen. Das Keimglas nach Packungsanleitung verschließen und in die Halterung setzen, sodass überschüssiges Wasser abfließen kann. Das Keimglas zimmerwarm und hell aufstellen und die Keimlinge 2- bis 4-mal täglich mit frischem Wasser abspülen. Keimlinge abtropfen lassen. Sobald die Keimlinge die gewünschte Größe haben, abspülen. Dabei nicht gekeimte Körner entfernen. Falls Sie beim Abspülen der Keimlinge Schimmel entdecken – bitte alles entsorgen. Die Keimlinge standen dann wahrscheinlich zu warm und/oder wurden zu wenig abgespült.

REZEPTVARIANTE:

Für ein pikantes **Frühstück mit Dinkelkörnern** (2 Portionen) die Getreidekeimlinge durch eingeweichte Dinkelkörner ersetzen. Dafür 40 g Dinkel am Vorabend des Frühstücks in einer Schüssel mit Wasser gut bedecken und über Nacht (mind. 8 Stunden) zugedeckt im Kühlschrank einweichen. Am Morgen die Dinkelkörner in einem Sieb abtropfen lassen.

GEMÜSE MIT SESAM-GRIESSNOCKEN

◷ Zubereitungszeit: 45 Minuten

ZUTATEN FÜR 2 PORTIONEN

FÜR DIE SESAM-GRIESSNOCKEN:

30 g geschälte Sesamsamen
100 ml Gemüsebrühe
20 g Butter oder Margarine
60 g Dinkelgrieß
1 Ei (Größe M)
Salz

FÜR DAS GEMÜSE:

1 Kohlrabi (etwa 300 g)
300 g Möhren
1 Bund Frühlingszwiebeln (etwa 150 g)
2 EL Speiseöl
½ Bund Koriander
70 ml Gemüsebrühe
gem. Pfeffer
ger. Muskatnuss
1–2 TL Zitronensaft

PRO PORTION:

E: 14 g, F: 30 g, Kh: 37 g, kcal: 478

1. Für die Grießnocken Sesam in einer Pfanne ohne Fett unter Wenden goldbraun rösten, herausnehmen und anschließend auf einem Teller erkalten lassen.

2. Brühe und Butter oder Margarine in einem Topf zum Kochen bringen. Grieß unter Rühren einstreuen. So lange mit einem Kochlöffel weiterrühren, bis sich die Masse als Kloß vom Topfboden löst. Die Grießmasse in eine Rührschüssel geben. Zuerst Sesam, dann das Ei unterrühren. Die Grießmasse mit Salz würzen und etwas abkühlen lassen.

3. Für das Gemüse Kohlrabi und Möhren putzen, schälen, abspülen, abtropfen lassen und in dünne, etwa 4 cm lange Stifte schneiden. Frühlingszwiebeln putzen, abspülen, abtropfen lassen, schräg in etwa 2 cm lange Stücke schneiden.

4. In einem breiten Topf etwa 2 ½ Liter Wasser zum Kochen bringen. 1–2 Teelöffel Salz hinzufügen. Von der Grießmasse mit 2 kalt abgespülten Esslöffeln 12 Nocken abstechen und in das siedende Wasser (Wasser darf sich nur leicht bewegen) geben. Nocken etwa 10 Minuten ohne Deckel gar ziehen lassen.

5. Speiseöl in einer großen Pfanne erhitzen. Kohlrabi- und Möhrenstreifen darin bei starker Hitze anbraten. Das Gemüse etwa 8 Minuten bei mittlerer Hitze unter Wenden braten.

6. Inzwischen Koriander abspülen, trocken tupfen (einige Spitzen zum Garnieren beiseitelegen) und die Blättchen von den Stängeln zupfen.

7. Frühlingszwiebelstücke zu dem Gemüse in die Pfanne geben und etwa 3 Minuten bei schwacher Hitze mitgaren.

8. Die Brühe hinzugießen und zum Kochen bringen. Das Gemüse mit Salz, Pfeffer, Muskat und Zitronensaft würzen. Zwei Drittel der Korianderblättchen unterheben. Das Gemüse auf einer Platte anrichten.

9. Die Nocken mit einer Schaumkelle aus dem Salzwasser nehmen, abtropfen lassen und auf dem Gemüse verteilen. Mit restlichen Korianderblättchen bestreuen und mit beiseitegelegten Korianderspitzen garnieren.

TIPP:

Anstelle des frischen Korianders können Sie auch Kerbel oder Petersilie verwenden.

ENJOY
the little
THINGS

GEMÜSE-CHIPS MIT AVOCADO-DIP

◆ Zubereitungszeit: 70 Minuten
+ Vegan

ZUTATEN FÜR 4 PORTIONEN

FÜR DIE GEMÜSE-CHIPS:

800–900 g Gemüse, z. B. 3 Petersilienwurzeln (etwa 200 g), 2 Möhren (etwa 200 g), 1 Süßkartoffel (etwa 230 g)
Salz

FÜR DEN AVOCADO-DIP:

1 Schalotte
1 Knoblauchzehe
1 Avocado
Saft von 1 Limette
½ gestr. TL Salz
evtl. etwas Cayennepfeffer

ZUM AUSBACKEN:

etwa 700 ml Erdnuss- oder Sonnenblumenöl

PRO PORTION:

E: 4 g, F: 33 g, Kh: 20 g, kcal: 411

1. Für die Gemüse-Chips die Petersilienwurzeln putzen, schälen, abspülen und abtropfen lassen. Die Möhren putzen, schälen, abspülen und abtropfen lassen. Süßkartoffel schälen, abspülen und abtropfen lassen.

2. Das Gemüse portionsweise mit einem Gemüsehobel oder Sparschäler in dünne Scheiben bzw. Streifen schneiden und beiseitelegen.

3. Für den Avocado-Dip die Schalotte und den Knoblauch abziehen. Beides grob würfeln und in einen Rührbecher geben. Avocado längs halbieren. Die beiden Hälften gegeneinanderdrehen. Den Stein entfernen. Das Fruchtfleisch mit einem Löffel aus den Schalen heben und ebenfalls in den Rührbecher geben. Limettensaft und Salz hinzufügen. Die Zutaten mit dem Pürierstab zu einem glatten Dip pürieren. Avocado-Dip mit Salz und evtl. Cayennepfeffer abschmecken. Dann sofort mit Frischhaltefolie belegen, so bleibt der Dip grün. Avocado-Dip bis zum Servieren in den Kühlschrank stellen.

4. In einem Topf Erdnuss- oder Sonnenblumenöl auf etwa 180 °C erhitzen, sodass sich um einen in das Öl gehaltenen Holzlöffelstiel Bläschen bilden. Die Gemüsescheiben darin portionsweise nach und nach zu knusprigen Chips ausbacken. Die Chips jeweils mit einem Schaumlöffel aus dem Topf nehmen und zum Abtropfen auf Küchenpapier legen.

5. Die Gemüse-Chips nach Belieben mit etwas Salz würzen. Den Avocado-Dip dazureichen.

REZEPTVARIANTE:

Als Dip eignet sich ebenso eine **scharfe Tomatensalsa.** Dafür 1 kleine Zwiebel und 1 Knoblauchzehe abziehen und beides fein würfeln. 1 kleine Peperoni längs halbieren, Scheidewände und Kerne mit einem spitzen Messer entfernen.
Die Peperonihälften abspülen, abtrocknen und das Fruchtfleisch in kleine Würfel schneiden.
4 mittelgroße Tomaten, etwa 400 g, abspülen, abtrocknen, in dünne Scheiben schneiden und dabei die Stängelansätze herausschneiden. Tomaten in kleine Würfel schneiden. 1 Esslöffel Öl in einem kleinen Topf erhitzen, die Zwiebel-, Knoblauch- und Peperoniwürfel darin unter gelegentlichem Rühren andünsten. Jeweils 1 Teelöffel Paprikapulver edelsüß und Tomatenmark hinzufügen und beides kurz mit anrösten. Tomatenwürfel hinzugeben, das Ganze aufkochen lassen und zugedeckt bei mittlerer Hitze etwa 15 Minuten köcheln lassen. Dabei gelegentlich umrühren. Den Topf von der Kochstelle nehmen. Die Tomatensalsa mit Salz, gemahlenem Pfeffer und 1 Prise Roh-Rohrzucker würzen. 1½ Teelöffel TK-Basilikum unterrühren und alles abkühlen lassen. Mit ½ Teelöffel Harissa (scharfe Gewürzpaste) abschmecken.

GEMÜSEFRIKADELLEN

● Zubereitungszeit: 30 Minuten
Garzeit: 10–12 Minuten

ZUTATEN FÜR 8 STÜCK

200 g Möhren
200 g festkochende Kartoffeln
200 g frische Sojabohnenkeimlinge
oder Mungobohnenkeimlinge
(aus dem Kühlregal oder selbst gezogen)
3 Scheiben Vollkorn-Toastbrot
1 Ei (Größe M)
Kräutersalz
gem. Pfeffer
Paprikapulver edelsüß
4 EL Semmelbrösel
3 ½–4 EL Sonnenblumenöl

PRO STÜCK:

E: 5 g, F: 6 g, Kh: 15 g, kcal: 144

1. Möhren putzen. Kartoffeln und Möhren schälen, abspülen, abtropfen lassen und fein reiben. Kartoffel- und Möhrenmasse zusammen in ein Sieb geben. Die Flüssigkeit mit einem Löffel ausdrücken und abtropfen lassen. Kartoffel-Möhren-Masse in eine Schüssel geben.

2. Die Keimlinge verlesen, in ein Sieb geben, mit heißem Wasser abspülen und abtropfen lassen. Keimlinge fein schneiden, zur Kartoffel-Möhren-Masse geben.

3. Toastbrot in Stücke schneiden. Die Toastbrotstücke im Blitzhacker gut zerkleinern und mit dem Ei zur Gemüsemasse geben. Die Zutaten gut vermischen, mit Salz, Pfeffer und Paprika würzen. Aus der Gemüsemasse mit den Händen 8 gleich große Frikadellen formen.

4. Die Semmelbrösel in einen tiefen Teller geben. Die Gemüsefrikadellen vorsichtig darin wenden.

5. Zwei Esslöffel Sonnenblumenöl in einer Pfanne erhitzen. Die Gemüsefrikadellen in die Pfanne geben, auf einer Seite bei mittlerer Hitze in 5–6 Minuten goldbraun braten, mit einem Pfannenwender umdrehen, dabei noch etwa 1½ Esslöffel von dem Sonnenblumenöl in die Pfanne geben. Die Frikadellen in 5–6 Minuten fertig braten.

6. Die Gemüsefrikadellen herausnehmen und auf Küchenpapier abtropfen lassen.

BEILAGE:

Dazu passt ein **Kräuter-Quark-Dip**. Dafür 250 g Magerquark mit 6 Esslöffeln Milch und 3 Esslöffeln fein geschnittenen Kräutern (z. B. Petersilie, Schnittlauch, Dill) verrühren. Dip mit Salz, Pfeffer und Paprika abschmecken.

TIPP:

Die Gemüsefrikadellen schmecken heiß, lauwarm oder auch kalt sehr gut.

GEMÜSEMUFFINS MIT KÄSEDIP

Zubereitungszeit: 30 Minuten
Backzeit: etwa 25 Minuten

ZUTATEN FÜR 12 STÜCK

1 gelbe Paprikaschote (etwa 225 g)
2 Tomaten (etwa 175 g)
1 kleine Zucchini (etwa 150 g)
1 Bund Basilikum

FÜR DEN TEIG:

150 g Weizen-Vollkornmehl
100 g Maismehl
2 gestr. TL Backpulver
1 TL Paprikapulver edelsüß
200 g Joghurt (1,5 % Fett)
50 ml Milch (1,5 % Fett)
1 Ei (Größe M)
3 EL Olivenöl
1 gestr. TL Salz

FÜR DEN KÄSEDIP:

75 g Bergkäse
200 g Doppelrahm-Frischkäse
100 g Joghurt (1,5 % Fett)
½ Bund Schnittlauch
80 g Frühlingszwiebeln
Salz
gem. Pfeffer

ZUSÄTZLICH:

1 Muffinform (für 12 Muffins)
12 Muffin-Papierbackförmchen

PRO STÜCK:

E: 8 g, F: 12 g, Kh: 17 g, kcal: 210

1. Paprikaschote halbieren, entstielen, entkernen und die weißen Scheidewände entfernen. Schote abspülen, abtropfen lassen und fein würfeln. Die Tomaten abspülen, abtrocknen, halbieren und die Stängelansätze herausschneiden. Tomatenhälften entkernen und fein würfeln.

2. Zucchini abspülen, abtrocknen und die Enden abschneiden. Zucchini in kleine Würfel schneiden. Basilikum abspülen, trocken tupfen und die Blättchen von den Stängeln zupfen, Blättchen klein schneiden.

3. Den Backofen vorheizen.
Ober-/Unterhitze: etwa 180 °C
Heißluft: etwa 160 °C

4. Für den Teig Mehl mit Maismehl, Backpulver und Paprika in einer Rührschüssel vermischen. Joghurt, Milch, Ei, Olivenöl und Salz hinzugeben. Die Zutaten mit dem Mixer (Rührstäbe) zunächst kurz auf niedrigster, dann auf höchster Stufe zu einem glatten Teig verrühren.

5. Paprika-, Tomaten-, Zucchiniwürfel und Basilikum nur kurz unterrühren (sonst verfärbt sich der Teig). Den Teig gleichmäßig mit einem Esslöffel in den Mulden der Muffinform (mit Papierbackförmchen ausgelegt) verteilen. Die Form auf dem Rost in den vorgeheizten Backofen schieben. Muffins **etwa 25 Minuten backen.**

6. In der Zwischenzeit für den Käsedip den Bergkäse evtl. entrinden und grob reiben. Den Frischkäse mit Joghurt und dem geriebenem Käse verrühren. Schnittlauch abspülen, trocken tupfen und in Röllchen schneiden. Die Frühlingszwiebeln putzen, abspülen, abtropfen lassen und in dünne Scheiben schneiden.

7. Schnittlauchröllchen und Frühlingszwiebelscheiben unter die Käsemasse rühren, mit Salz und Pfeffer abschmecken. Evtl. den Käsedip zugedeckt in den Kühlschrank stellen.

8. Die Form auf einen Rost stellen. Muffins etwa 5 Minuten in der Form abkühlen lassen, dann aus der Form nehmen. Nach Belieben die Gemüsemuffins warm oder kalt mit dem Käsedip servieren.

GEMÜSE-NUSS-CRUMBLE

Zubereitungszeit: 50 Minuten
Garzeit: 20–25 Minuten

ZUTATEN FÜR 4 PORTIONEN

FÜR DAS GEMÜSE:

etwa 500 g Erbsenschoten
(ungepalte Erbsen mit Hülsen)
½ Blumenkohl (etwa 400 g)
2 kleine Kohlrabi (etwa 400 g)
2 dicke Möhren (etwa 250 g)
1 Zwiebel
1 EL Butter
Salz
gem. Pfeffer
100 ml Milch (1,5 % Fett)

FÜR DIE STREUSEL:

1 Bund glatte Petersilie
75 g Haselnusskerne
175 g Weizenmehl
100 g Butter (zimmerwarm)
1 gestr. TL Salz

PRO PORTION:

E: 15 g, F: 50 g, Kh: 50 g, kcal: 733

1. Für das Gemüse die Erbsen palen. Dafür die Hülsenschoten durchbrechen und die Erbsen auspalen. Vom Blumenkohl die Blätter entfernen, den Strunk abschneiden, schälen und in kleine Würfel schneiden. Den Blumenkohl in kleine Röschen teilen, abspülen und abtropfen lassen. Kohlrabi und Möhren putzen, schälen, abspülen, abtropfen lassen und in etwa 1 cm große Würfel schneiden. Zwiebel abziehen und fein würfeln.

2. Butter in einem Topf zerlassen. Zwiebelwürfel darin andünsten. Erbsen, Blumenkohlröschen und -würfel, Kohlrabi- und Möhrenwürfel hinzugeben, mit Salz und Pfeffer würzen. Milch hinzugießen. Die Zutaten zum Kochen bringen. Das Gemüse ohne Deckel bei mittlerer Hitze 10–12 Minuten garen, bis die Milch fast verkocht ist, dabei gelegentlich umrühren.

3. In der Zwischenzeit für die Streusel die Petersilie abspülen, trocken tupfen und die Blättchen von den Stängeln zupfen. Einige Blättchen zum Garnieren beiseitelegen. Restliche Blättchen fein schneiden. Haselnusskerne hacken.

4. Den Backofen vorheizen.
Ober-/Unterhitze: etwa 200 °C
Heißluft: etwa 180 °C

5. Mehl in eine Rührschüssel geben. Butter mit Nusskernen, Petersilie und Salz hinzufügen. Die Zutaten mit dem Mixer (Rührstäbe) zunächst kurz auf niedrigster, dann auf höchster Stufe zu Streuseln von gewünschter Größe verarbeiten.

6. Das Gemüse in einer Auflaufform (gefettet) verteilen und glatt streichen. Die Nussstreusel gleichmäßig darauf verteilen. Die Form auf dem Rost in den vorgeheizten Backofen (unteres Drittel) schieben. Crumble **20–25 Minuten garen.**

7. Zum Servieren den Crumble mit den beiseitegelegten Petersilienblättchen garnieren.

TIPPS:

Noch schneller geht es, wenn Sie statt der Erbsenschoten 200 g TK-Erbsen verwenden. Erbsen unaufgetaut (mit dem anderen Gemüse) in den Topf geben und garen. Statt der ganzen Haselnusskerne gehackte Haselnusskerne verwenden.

GEMÜSEPALATSCHINKEN MIT SPINAT

Zubereitungszeit: 15 Minuten
Backzeit: etwa 15 Minuten

ZUTATEN FÜR 4 PORTIONEN

1 Zwiebel (etwa 100 g)
1 Knoblauchzehe
2 EL Butter
300 g TK-Blattspinat, aufgetaut
1 Bio-Zitrone (unbehandelt, ungewachst)
250 g Ricotta (ital. Frischkäse)
Salz
gem. Pfeffer
4 fertige Crêpes aus dem Kühlregal
(Ø etwa 20 cm)

1 große Tomate
2 EL Pinienkerne
2 Stängel Basilikum

PRO PORTION:

E: 14 g, F: 18 g, Kh: 11 g, kcal: 270

1. Den Backofen vorheizen.
Ober-/Unterhitze: etwa 160 °C
Heißluft: etwa 140 °C

2. Zwiebel und Knoblauch abziehen. Die Zwiebel fein würfeln und den Knoblauch durch eine Knoblauchpresse drücken. Butter in einer kleinen Pfanne zerlassen. Zwiebelwürfel und Knoblauch darin andünsten. Blattspinat gut ausdrücken, hinzufügen und kurz mitdünsten lassen.

3. Die Zitrone heiß abwaschen, abtrocknen und die Schale abreiben. Zitrone halbieren und den Saft auspressen. Ricotta in eine Schüssel geben. Die Zwiebel-Knoblauch-Mischung und Zitronenschale unterrühren. Mit Salz, Pfeffer und etwas Zitronensaft kräftig würzen.

4. Die Spinat-Ricotta-Masse auf den Crêpes verteilen, aufrollen und mit der Nahtseite nach unten auf ein Backblech (mit Backpapier belegt) legen. Das Backblech in den vorgeheizten Backofen schieben. Die gefüllten Rollen **etwa 15 Minuten backen.**

5. In der Zwischenzeit die Tomate abspülen, trocken tupfen und den Stängelansatz herausschneiden. Tomate vierteln, entkernen und das Fruchtfleisch in feine Würfel schneiden. Die Pinienkerne in einer Pfanne ohne Fett unter Wenden goldbraun rösten. Basilikum abspülen, trocken tupfen und die Blättchen von den Stängeln zupfen.

6. Die fertig gebackenen Palatschinken mit Tomatenwürfeln, Pinienkernen und Basilikumblättchen bestreuen.

GEMÜSEPUFFER MIT KRÄUTERSCHMAND

Zubereitungszeit: 40 Minuten
Garzeit: etwa 20 Minuten

ZUTATEN FÜR 4 PORTIONEN (ETWA 16 PUFFER)

250 g Möhren
1 großer Kohlrabi (etwa 350 g)
250 g Rote Bete
100 g ger. Käse, z. B. Emmentaler
1 TL süßer Senf
2 EL Schnittlauchröllchen
2 Eier (Größe M)
2 EL Weizenmehl
Salz, gem. Pfeffer
ger. Muskatnuss
6–8 EL Rapsöl

FÜR DEN KRÄUTERSCHMAND:

200 g Schmand (Sauerrahm)
200 g Joghurt (1,5 % Fett)
2 EL gemischte Kräuter, z. B. Schnittlauchröllchen und fein geschnittene Petersilie
1 Prise Zucker

PRO PORTION:

E: 17 g, F: 38 g, Kh: 20 g, kcal: 501

1. Für die Puffer Möhren und Kohlrabi putzen, schälen, abspülen und abtropfen lassen. Rote Bete gründlich abspülen und schälen (am besten mit Einweghandschuhen). Das Gemüse auf der Haushaltsreibe fein reiben. Ein Sieb in eine Schüssel hängen. Geriebenes Gemüse hineingeben und die Flüssigkeit mit einem Löffel ausdrücken. Die Flüssigkeit abgießen.

2. Die Gemüsemasse mit Käse, Senf, Schnittlauchröllchen, Eiern und Mehl verrühren. Die Puffermasse mit Salz, Pfeffer und Muskat würzen.

3. Aus der Masse in 2 Portionen insgesamt 16 Gemüsepuffer braten. Dafür jeweils 3–4 Esslöffel Rapsöl in einer Pfanne erhitzen. Für jeden Puffer 1 gehäuften Esslöffel von der Puffermasse mit etwas Abstand in die Pfanne geben. Die Teighäufchen mit einem Esslöffel etwas flach drücken. Die Puffer bei mittlerer bis starker Hitze von beiden Seiten je etwa 5 Minuten braten, dabei vorsichtig wenden.

4. Die fertigen Puffer aus der Pfanne nehmen und nebeneinander auf Küchenpapier abtropfen lassen. Die Gemüsepuffer evtl. warm stellen.

5. Für den Kräuterschmand Schmand mit Joghurt zu einer geschmeidigen Masse verrühren. Kräuter unterrühren. Kräuterschmand mit Salz, Pfeffer und Zucker abschmecken.

6. Die Gemüsepuffer mit dem Kräuterschmand anrichten und servieren.

GEMÜSEREIS

Zubereitungszeit: 20 Minuten
Garzeit: etwa 30 Minuten

ZUTATEN FÜR 4 PORTIONEN

1 Zwiebel
1 Möhre (etwa 100 g)
100 g Knollensellerie
1 Stange Lauch (etwa 200 g)
1 EL Butter
1 EL Sonnenblumenöl
200 g Naturreis
600 ml Gemüsebrühe
150 g Mungobohnenkeimlinge (aus dem Kühlregal)
150 g abgetropfter Schafskäse, fein zerbröselt

PRO PORTION:

E: 13 g, F: 17 g, Kh: 42 g, kcal: 384

1. Zwiebel abziehen und klein würfeln. Möhre und Sellerie putzen, schälen, abspülen, abtropfen lassen und klein würfeln. Lauch putzen, längs halbieren, gründlich waschen und abtropfen lassen. Lauch in feine Streifen schneiden.

2. Butter in einem Topf zerlassen. Öl hinzufügen und miterhitzen. Die Gemüsewürfel und die Lauchstreifen darin kurz andünsten, dabei gelegentlich umrühren. Reis hinzugeben und kurz unter Rühren mitdünsten. Brühe hinzugießen und alles zum Kochen bringen. Den Reis zugedeckt in etwa 30 Minuten bei schwacher Hitze (dabei die Packungsanleitung beachten) ausquellen lassen.

3. Inzwischen die Keimlinge in einem Sieb mit warmem Wasser abspülen und abtropfen lassen. Keimlinge etwa 5 Minuten vor Ende der Quellzeit zum Reis geben und vorsichtig unterheben. Gemüsereis fertig garen.

4. Den Reis anrichten und mit dem Schafskäse bestreut servieren.

GEMÜSESALAT

- Zubereitungszeit: 20 Minuten
  Grillzeit: etwa 10 Minuten
- Vegan

ZUTATEN FÜR 4 PORTIONEN

je 1 rote, gelbe und grüne Paprikaschote
4 Tomaten
1 Zucchini
1 kleine Aubergine
4 Stängel Basilikum

FÜR DAS DRESSING:

3 EL weißer Balsamico-Essig
Salz, gem. Pfeffer
1 Prise Zucker
5 EL Olivenöl

etwa 3 EL Olivenöl zum Bestreichen

PRO PORTION:

E: 4 g, F: 18 g, Kh: 14 g, kcal: 251

1. Den Grill vorheizen. Die Paprikaschoten halbieren, entstielen, entkernen und die weißen Scheidewände entfernen. Schoten abspülen, abtropfen lassen und vierteln. Tomaten abspülen, abtrocknen, halbieren und die Stängelansätze herausschneiden.

2. Zucchini und Aubergine abspülen, abtrocknen, die Enden bzw. den Stängelansatz abschneiden und jeweils in etwa 1 cm dicke Scheiben schneiden. Basilikum abspülen, trocken tupfen und die Blättchen von den Stängeln zupfen.

3. Für das Dressing Balsamico-Essig mit Salz, Pfeffer und Zucker verrühren. Olivenöl unterschlagen. Das Dressing mit den Gewürzen abschmecken.

4. Paprikaschotenviertel, Tomatenhälften, Zucchini- und Auberginenscheiben auf einer Platte rundherum mit Olivenöl bestreichen.

5. Das vorbereitete Gemüse auf den gefetteten Grillrost am Rand des heißen Grills legen. Das Gemüse etwa 10 Minuten grillen, dabei ab und zu mit der Grillzange vorsichtig wenden.

6. Das gegrillte Gemüse vom Grillrost nehmen und auf einer großen Platte oder in einer Auflaufform anrichten. Das Gemüse mit dem Dressing beträufeln und mit den Basilikumblättern bestreuen.

PASST GUT ZU:

Ofenfrisches Baguette oder als Auflage für einen vegetarischen Burger.

TIPPS:

Den Gemüsesalat vor den Hauptgerichten grillen. Er schmeckt lauwarm und kalt sehr gut. Auch in Stücke geschnittene, vorgegarte Maiskolben oder abgezogene, halbierte rote Zwiebeln vom Grill schmecken hervorragend in diesem Salat. Zusätzlich noch fein geschnittene Rosmarinnadeln oder Thymianblättchen unter das Dressing geben.

GEMÜSESCHNITZEL

Zubereitungszeit: 25 Minuten
Bratzeit: etwa 4 Minuten

ZUTATEN FÜR 4 PORTIONEN

800 g Gemüse, z. B. Kohlrabi, Süßkartoffel, Rote Bete oder Steckrübe
Salzwasser (1 gestr. TL Salz auf 1 l Wasser)
8 EL Weizenmehl
100 g Semmelbrösel
4 Eier (Größe M)
Salz
gem. Pfeffer
6 EL Rapsöl
40 g Butter

PRO PORTION:

E: 13 g, F: 22 g, Kh: 72 g, kcal: 553

1. Gemüse putzen, schälen, abspülen und abtropfen lassen. Das Gemüse in etwa ½ cm dicke Scheiben schneiden. Die Gemüsescheiben in kochendem Salzwasser je nach Sorte in 2–5 Minuten knapp bissfest garen, dann in ein Sieb geben, mit kaltem Wasser abschrecken und gut abtropfen lassen.

2. Mehl, Semmelbrösel und Eier in je einen tiefen Teller geben. Eier mit einer Gabel verschlagen. Die Gemüsescheiben mit Salz und Pfeffer würzen, zuerst in Mehl wenden, dann durch das verschlagene Ei ziehen, am Tellerrand abstreifen und zuletzt in den Semmelbröseln wenden, dabei die Panade leicht andrücken.

3. Rapsöl in einer Pfanne erhitzen. Die Gemüsescheiben darin von jeder Seite in etwa 2 Minuten goldgelb braten. Kurz vor Ende der Bratzeit die Butter zu den Gemüsescheiben in die Pfanne geben und zerlassen.

4. Die Gemüsescheiben aus der Pfanne nehmen und auf Küchenpapier abtropfen lassen.

TIPP:

Die Gemüseschnitzel als vegetarisches Hauptgericht z. B. mit einem Kräuterquark servieren. Für 4 Portionen **Kräuterquark** 2 Zwiebel abziehen und fein würfeln. 600 g Magerquark mit 4 Esslöffeln Milch, 4 Esslöffel Crème fraîche und den Zwiebelwürfeln verrühren, mit Salz und Pfeffer würzen. 4 Esslöffel gemischte, frisch geschnittene Kräuter (z. B. Schnittlauch, glatte Petersilie, Kerbel, Dill) unterrühren.

GEMÜSE-TEMPURA

Zubereitungszeit: 45 Minuten
+ Vegan

ZUTATEN FÜR 4 PORTIONEN

100 g Chinakohlblätter
250 g Hokkaido-Kürbis
Salz
175 g Zucchini
2 grüne Paprikaschoten

FÜR DEN DIP:

20 g frischer Ingwer
2 Stängel Koriander
1–2 EL Sojasauce
1 EL dunkles Sesamöl

FÜR DEN TEMPURA-TEIG:

200 g Weizenmehl, 50 g Speisestärke
425 ml eiskaltes Mineralwasser mit Kohlensäure
2 EL Sesamsamen
1 EL Chiliflocken

ZUM AUSBACKEN:

etwa 1 l Speiseöl, z. B. Sonnenblumenöl

PRO PORTION:

E: 10 g, F: 28 g, Kh: 40 g, kcal: 447

1. Chinakohlblätter abspülen, trocken tupfen und in etwa 6 x 4 cm große Stücke schneiden. Kürbis abspülen, abtrocknen und halbieren. Kerne mit einem Löffel herausschaben. Kürbis in feine, etwa 1 cm breite Spalten schneiden, evtl. schälen. Die Spalten mit Salz einreiben.

2. Zucchini abspülen, abtrocknen und die Enden abschneiden. Die Zucchini längs halbieren und anschließend in etwa 1 cm dicke Scheiben schneiden. Die Paprikaschoten halbieren, entstielen, entkernen und die weißen Scheidewände entfernen. Schoten abspülen, abtropfen lassen und der Länge nach sechsteln.

3. Für den Dip Ingwer schälen und sehr fein würfeln. Koriander abspülen, trocken tupfen und die Blättchen von den Stängeln zupfen. Die Blättchen fein schneiden. Ingwer mit Sojasauce und Sesamöl mischen. Den Koriander unterrühren.

4. Für den Tempura-Teig Mehl mit Speisestärke und Mineralwasser in einer Rührschüssel mit einem Schneebesen kräftig verrühren. Die Sesamsamen und Chiliflocken unterrühren.

5. Das Speiseöl in einem tiefen Topf oder in einer Fritteuse auf etwa 175 °C erhitzen, sodass sich um einen in das Öl gehaltenen Holzlöffelstiel Bläschen bilden.

6. Gemüsestücke mithilfe einer Gabel durch den Tempura-Teig ziehen, am Schüsselrand abstreifen und portionsweise schwimmend in dem heißen Speiseöl etwa 3 Minuten ausbacken. Die Gemüsestücke dann mit einer Schaumkelle herausnehmen und kurz auf Küchenpapier abtropfen lassen. Die Gemüse-Tempura noch heiß mit dem Dip servieren.

GNOCCHI MIT KAPERN, OLIVEN UND RUCOLA

◷ Zubereitungszeit: 60 Minuten

FÜR 4 PORTIONEN

600 g mehligkochende Kartoffeln
Salz
ger. Muskatnuss
1 Ei (Größe M)
2 Eigelb (Größe M)
etwa 180 g Weizenmehl

125 g Rucola (Rauke)
2 EL Butter
1 EL Olivenöl
2 EL abgetropfte feine Kapern
100 g abgetropfte rote Oliven
gem. Pfeffer

PRO PORTION:

E: 12 g, F: 20 g, Kh: 57 g, kcal: 468

1. Die Kartoffeln gründlich waschen, abtropfen lassen und in einem Topf knapp mit Wasser bedeckt zum Kochen bringen. Salz hinzugeben. Die Kartoffeln zugedeckt etwa 25 Minuten garen. Die gegarten Kartoffeln abgießen, abdämpfen und heiß pellen. Kartoffeln durch eine Kartoffelpresse direkt auf die Arbeitsfläche drücken. Salz und Muskat auf die Kartoffelmasse streuen.

2. Ei und Eigelb verschlagen. Das Mehl und die verschlagenen Eier auf der Kartoffelmasse verteilen und mit den Händen kurz zu einem glatten Teig verkneten.

3. Den Teig auf der bemehlten Arbeitsfläche zu gleichmäßigen Rollen formen. Die Teigrollen dann in etwa 3 cm lange Stücke schneiden.

4. In einem Topf so viel Wasser zum Kochen bringen, dass die Gnocchi schwimmen können. Salz hinzugeben. Die Gnocchi in das kochende Salzwasser geben, wieder zum Kochen bringen und ohne Deckel bei schwacher Hitze gar ziehen lassen (das Wasser muss sich leicht bewegen). Die Gnocchi sind gar, wenn sie an der Oberfläche schwimmen.

5. In der Zwischenzeit Rucola putzen und die harten Stiele abschneiden. Rucola abspülen und trocken tupfen. Butter mit dem Olivenöl in 2 großen Pfannen erhitzen. Die Kapern und Oliven darin andünsten. Die gegarten Gnocchi mit einem Schaumlöffel aus dem Topf nehmen, abtropfen lassen und in den Pfannen verteilen. Mit Salz und Pfeffer würzen, durchschwenken und auf eine vorgewärmte Platte geben. Mit Rucola bestreuen und sofort servieren.

TIPP:

Mit frisch geriebenem Pecorino und ofenfrischem Baguette servieren.

GORGONZOLACREMES

Zubereitungszeit: 15 Minuten
Haltbarkeit: im Kühlschrank etwa 3 Tage
▲ Mal mit und mal ohne Alkohol

ZUTATEN FÜR ETWA 250 G

FÜR DIE GORGONZOLACREME OHNE ALKOHOL:

100 g Gorgonzola
150 g saure Sahne
Salz
gem. weißer Pfeffer
2 EL Pistazienkerne

FÜR DIE BESCHWIPSTE GORGONZOLACREME:

100 g Gorgonzola
100 g griechischer Sahnejoghurt (etwa 10 % Fett)
25 ml Marsala (ital. Dessertwein)
1 Spritzer Olivenöl
1 kleines Bund Schnittlauch

INSGESAMT:

E: 29 g, F: 62 g, Kh: 9 g, kcal: 705 (ohne Alkohol);
E: 25 g, F: 46 g, Kh: 5 g, kcal: 557 (beschwipste Gorgonzolacreme)

1. Für die Gorgonzolacreme ohne Alkohol den Gorgonzola in kleine Stücke schneiden, in eine Schüssel geben und mit einer Gabel zerdrücken. Gorgonzola nach und nach mit der sauren Sahne verrühren. Die Gorgonzolacreme sehr vorsichtig mit Salz und Pfeffer würzen. Pistazienkerne grob zerschneiden und unterrühren.

2. Für die beschwipste Gorgonzolacreme den Gorgonzola in kleine Stücke schneiden, in eine Schüssel geben und mit einer Gabel gut zerdrücken. Joghurt, Marsala und Olivenöl hinzufügen. Die Zutaten zu einer cremigen Masse verrühren.

3. Schnittlauch abspülen, trocken tupfen und in feine Röllchen schneiden. Den Aufstrich mit Salz und Pfeffer abschmecken und die Schnittlauchröllchen unterrühren.

4. Die Gorgonzolacremes in verschließbare Gefäße füllen und in den Kühlschrank stellen.

BROTEMPFEHLUNG:

Roggenmisch- oder Graubrot, Baguette, Ciabatta oder Kräcker.

TIPP:

Die mit der alkoholfreien Creme bestrichenen Brote oder Kräcker mit klein geschnittenen Pistazienkernen bestreuen und mit etwas grünem Salat garnieren, die mit der beschwipsten Creme bestrichenen z. B. mit Radieschenscheiben und grob gemahlenem Pfeffer garnieren.

GRAUPENCURRY MIT SONNENBLUMENKERNEN

◷ Zubereitungszeit: 40 Minuten
Garzeit: etwa 40 Minuten
+ Vegan

ZUTATEN FÜR 4–6 PORTIONEN

2 rote Zwiebeln
1 Bund Suppengrün
(Möhre, Sellerie, Lauch)
150 g Süßkartoffeln
2 EL Olivenöl
1 EL vegane rote Currypaste
75 g Puy- oder Pardina-Linsen
100 g Perlgraupen, grob
750 ml vegane Gemüsebrühe
400 ml Kokosmilch
150 g Wirsing
Salz
1–2 Stängel Zitronengras

50 g Sonnenblumenkerne
2 EL Sojasauce
100 g getrocknete, entsteinte, halbierte Aprikosen
2 Stängel Basilikum
gem. Pfeffer

PRO PORTION:

E: 13 g, F: 24 g, Kh: 46 g, kcal: 464

1. Zwiebeln abziehen und fein würfeln. Suppengrün putzen. Süßkartoffeln schälen. Suppengrün und Süßkartoffeln abspülen, abtropfen lassen und in Würfel schneiden.

2. Olivenöl in einem Topf erhitzen. Zwiebelwürfel und Currypaste hinzugeben, 2–3 Minuten unter Rühren andünsten. Das vorbereitete Suppengrün hinzugeben und weitere 3–4 Minuten mitdünsten. Süßkartoffeln, Linsen und Graupen hinzugeben. Brühe und Kokosmilch hinzugießen, unterrühren. Die Zutaten zugedeckt zum Kochen bringen, bei schwacher Hitze etwa 20 Minuten kochen lassen, dabei gelegentlich umrühren.

3. In der Zwischenzeit Wirsing putzen, abspülen, abtropfen lassen und in feine Streifen schneiden. Die Wirsingstreifen in kochendem Salzwasser kurz blanchieren, dann in ein Sieb geben, mit kaltem Wasser abschrecken und abtropfen lassen.

4. Zitronengrasstängel abspülen, trocken tupfen und platt klopfen.

5. Sonnenblumenkerne in einer Pfanne ohne Fett unter Wenden anrösten. Pfanne von der Kochstelle nehmen. Die Sojasauce mit den Sonnenblumenkernen verrühren. Die Sonnenblumenkerne auf einen Teller geben.

6. Wirsingstreifen, Zitronengras und Aprikosenhälften in das Curry geben, zugedeckt weitere etwa 10 Minuten kochen lassen, dabei gelegentlich umrühren.

7. Basilikum abspülen, trocken tupfen und die Blättchen von den Stängeln zupfen. Basilikumblättchen in Streifen schneiden und in das Curry geben. Zitronengras entfernen.

8. Graupencurry vor dem Servieren nochmals mit Salz und Pfeffer abschmecken, mit den würzigen Sonnenblumenkernen bestreut servieren.

GRIECHISCHER GEMÜSE-AUFLAUF

Zubereitungszeit: 35 Minuten
Garzeit: 20–25 Minuten

ZUTATEN FÜR 4 PORTIONEN

200 g reisförmige Nudeln,
z. B. griechische Kritharaki-Nudeln
Salz
60 g abgetropfte, getrocknete Tomaten, in Öl (aus dem Glas)
2 Tomaten (etwa 200 g)
440 g abgetropfte grüne Bohnen (aus der Dose)
250 g abgetropfte weiße Riesenbohnenkerne (aus der Dose)
80 g entsteinte schwarze Oliven
1–2 Knoblauchzehen
1 Ei (Größe M)
150 g Crème fraîche
gem. Pfeffer
150 g abgetropfter Fetakäse
1 TL gerebelter Rosmarin

½–1 Stängel Rosmarin

PRO PORTION:

E: 22 g, F: 29 g, Kh: 56 g, kcal: 594

1. Die Nudeln in kochendem Salzwasser im geöffneten Topf bei mittlerer Hitze nach Packungsanleitung in etwa 7 Minuten bissfest vorgaren, dabei gelegentlich umrühren.

2. Den Backofen vorheizen.
Ober-/Unterhitze: etwa 220 °C
Heißluft: etwa 200 °C

3. Die gegarten Nudeln in ein Sieb geben, mit kaltem Wasser abspülen und abtropfen lassen.

4. Getrocknete Tomaten in feine Streifen schneiden. Frische Tomaten abspülen, abtrocknen und in Scheiben schneiden, dabei die Stängelansätze herausschneiden.

5. Vorgegarte Nudeln mit Tomatenstreifen, Tomatenscheiben, grünen Bohnen, weißen Bohnenkernen und Oliven in eine Auflaufform (gefettet) geben und gleichmäßig verteilen.

6. Knoblauch abziehen und fein würfeln, mit Ei und Crème fraîche verrühren, mit Salz und Pfeffer würzen. Die Eimasse gleichmäßig auf der Gemüsemischung verteilen. Fetakäse fein zerbröseln, mit Rosmarin vermischen und auf dem Gemüseauflauf verteilen.

7. Die Form auf dem Rost (unteres Drittel) in den vorgeheizten Backofen schieben. Den griechischen Gemüseauflauf **20–25 Minuten garen.**

8. Rosmarin abspülen, trocken tupfen und die Nadeln von dem Stängel zupfen. Den Gemüseauflauf mit Rosmarinnadeln bestreuen und servieren.

GRÜNKERNBRATLINGE AUF WURZELGEMÜSE

Zubereitungszeit: 40 Minuten, ohne Quellzeit
Bratzeit: etwa 8 Minuten

ZUTATEN FÜR 4 PORTIONEN

FÜR DIE BRATLINGE:

250 ml Gemüsebrühe
75 g Grünkernschrot
4 Frühlingszwiebeln
1 Bund glatte Petersilie
75 g zarte Haferflocken
2 Eier (Größe M)
2 EL Weizen-Vollkornmehl (etwa 25 g)
Salz
gem. Pfeffer
1 EL Olivenöl

FÜR DAS WURZELGEMÜSE:

2 Bund Möhren (je etwa 500 g)
6 Pastinaken (je etwa 200 g)
30 g Butter
100 ml Gemüsebrühe
1 EL flüssiger Honig

PRO PORTION:

E: 14 g, F: 12 g, Kh: 74 g, kcal: 467

1. Für die Bratlinge die Brühe in einem kleinen Topf zum Kochen bringen. Den Grünkernschrot darin zugedeckt in etwa 20 Minuten bei schwacher Hitze ausquellen lassen. Grünkernschrot in eine Schüssel geben.

2. Frühlingszwiebeln putzen, abspülen, abtropfen lassen und in feine Scheiben oder Streifen schneiden. Petersilie abspülen, trocken tupfen und die Blättchen von den Stängeln zupfen. Einige Blättchen zum Garnieren beiseitelegen, restliche Blättchen klein schneiden.

3. Für das Wurzelgemüse Möhren und Pastinaken putzen, dabei das Möhrengrün bis auf etwa 1 ½ cm abschneiden. Möhren und Pastinaken schälen, abspülen, abtropfen lassen, je nach Dicke längs halbieren oder vierteln.

4. Frühlingszwiebeln mit Haferflocken, Eiern und Mehl zum Grünkernschrot geben. Die Hälfte der Petersilie hinzugeben. Die Zutaten gut vermengen. Die Grünkernmasse mit Salz und Pfeffer kräftig würzen, mit den Händen daraus 8 gleich große Bratlinge (Ø etwa 6 cm) formen.

5. Olivenöl in einer Pfanne erhitzen. Die Grünkernbratlinge darin vorsichtig bei mittlerer Hitze in etwa 4 Minuten goldbraun braten, dann mit einem Pfannenwender umdrehen und in weiteren etwa 4 Minuten fertig braten. Anschließend die Grünkernbratlinge auf Küchenpapier legen und warm halten.

6. In der Zwischenzeit für das Wurzelgemüse die Butter in einem weiten Topf oder einem Bräter zerlassen und aufschäumen lassen. Die Möhren und Pastinaken darin etwa 3 Minuten unter mehrmaligem Rühren leicht braun anbraten.

7. Brühe mit Honig und 1 Prise Salz hinzufügen, zum Kochen bringen und etwa 5 Minuten bei mittlerer bis starker Hitze unter gelegentlichem Rühren einkochen lassen, bis die Brühe nahezu verdampft ist und das Gemüse bissfest ist und glänzt.

8. Das Wurzelgemüse mit restlicher Petersilie bestreuen und mit den Grünkernbratlingen anrichten. Mit den beiseitegelegten Petersilienblättchen garnieren.

TIPP:

Servieren Sie dazu 150 g glatt gerührten, fettarmen Joghurt. Wer mag, verrührt den Joghurt zusätzlich mit 1–2 Esslöffeln fein geschnittenen Kräutern (z. B. Schnittlauch, Petersilie, Kresse). Nach Belieben den Kräuter-Joghurt mit etwas Salz und Pfeffer würzen.

GRÜNKERN-KRÄUTER-AUFSTRICH

Zubereitungszeit: 20 Minuten, ohne Abkühlzeit
Haltbarkeit: im Kühlschrank 4–5 Tage

ZUTATEN FÜR 2 GLÄSER

50 g getrocknete Tomaten, in Öl (aus dem Glas)
1 Zwiebel
1 Knoblauchzehe
1 EL Tomatenöl (aus dem Glas)
75 g Grünkernschrot
100 ml Gemüsebrühe
200 ml Tomatensaft
Salz, gem. Pfeffer
200 g Doppelrahm-Frischkäse
1 Bund frische gemischte Kräuter, z. B. Basilikum, glatte Petersilie, Thymian

ZUSÄTZLICH:

2 Einkochgläser oder 2 Gläser mit Twist-off-Deckeln®

PRO GLAS:

E: 19 g, F: 39 g, Kh: 37 g, kcal: 594

1. Von den Tomaten das Öl auffangen und 1 Esslöffel Öl davon abmessen. Tomaten in feine Würfel schneiden.

2. Zwiebel und Knoblauch abziehen, fein würfeln. Aufgefangenes Tomatenöl in einem Topf erhitzen. Zwiebel-, Knoblauch- und Tomatenwürfel darin kurz unter Rühren andünsten.

3. Grünkernschrot hinzufügen und unter Rühren kurz mitdünsten. Brühe und Tomatensaft hinzugießen und unterrühren. Die Zutaten zum Kochen bringen und bei schwacher Hitze ohne Deckel etwa 10 Minuten kochen lassen, bis die Flüssigkeit fast verdampft ist und der Grünkern leicht bissfest ist, dabei gelegentlich umrühren.

4. Den Topf von der Kochstelle nehmen. Die Grünkernmasse mit Salz und Pfeffer würzen. Die Grünkernmasse etwa 1 Stunde abkühlen lassen.

5. Frischkäse unter die erkaltete Grünkernmasse rühren, nochmals mit Pfeffer und evtl. etwas Salz abschmecken. Kräuter abspülen, trocken tupfen und die Blättchen von den Stängeln zupfen, Blättchen fein schneiden. Kräuter unter den Aufstrich rühren.

6. Den Grünkern-Kräuter-Aufstrich in vorbereitete Gläser füllen und verschließen. Die Gläser in den Kühlschrank stellen.

TIPPS:

Den Aufstrich zu kernigem Vollkornbrot, Nussbrot oder Zwiebelbrot servieren.-Der Aufstrich ist auch gut geeignet zum Füllen von Gemüse (z.B. Tomaten, Zucchini oder Champignons).

GRÜNKOHL-CURRYTOPF

Zubereitungszeit: 30 Minuten
Garzeit: etwa 65 Minuten
+ Vegan

ZUTATEN FÜR 4 PORTIONEN

2 Zwiebeln
1 rote Chilischote
2 EL Sonnenblumenöl
1 EL vegane gelbe oder grüne Currypaste
600 g TK-Grünkohl
Salz, gem. Pfeffer
400 ml Kokosmilch
400 ml vegane Gemüsebrühe
2 Möhren
200 g Süßkartoffeln
30 g frischer Ingwer oder Galgant
200 ml Wasser
50 g rote Linsen
Zucker

PRO PORTION:

E: 14 g, F: 25 g, Kh: 28 g, kcal: 396

1. Zwiebeln abziehen und in Scheiben schneiden. Chilischote entstielen, längs einschneiden, entkernen, abspülen, abtropfen lassen und in feine Ringe schneiden.

2. Sonnenblumenöl in einem großen Topf erhitzen. Currypaste, Zwiebelscheiben und Chiliringe hinzugeben und kurz unter Rühren andünsten. Grünkohl hinzugeben, unterrühren und etwa 5 Minuten mitdünsten, mit Salz und Pfeffer würzen.

3. Kokosmilch und Gemüsebrühe in den Topf gießen. Die Zutaten zum Kochen bringen und zugedeckt bei schwacher Hitze etwa 15 Minuten kochen lassen, dabei gelegentlich umrühren.

4. In der Zwischenzeit die Möhren putzen. Süßkartoffeln und Möhren schälen, abspülen, abtropfen lassen und in Würfel schneiden. Ingwer oder Galgant schälen, fein reiben oder in sehr feine Würfel schneiden.

5. Süßkartoffel-, Möhrenwürfel und Ingwer oder Galgant in den Eintopf geben. Den Eintopf wieder zugedeckt zum Kochen bringen, bei mittlerer Hitze weitere etwa 45 Minuten kochen lassen, dabei gelegentlich umrühren.

6. In der Zwischenzeit das Wasser zugedeckt in einem Topf zum Kochen bringen. Die Linsen hinzugeben und etwa 8 Minuten bei schwacher Hitze kochen lassen. Die Linsen in ein Sieb geben und abtropfen lassen.

7. Die Linsen in den Eintopf geben und unterrühren. Grünkohlcurry mit Salz, Pfeffer und 1 Prise Zucker abschmecken, anrichten und servieren.

GRÜNKOHLSALAT MIT TOFU-SENF-DRESSING

◔ Zubereitungszeit: 20 Minuten, ohne Durchziehzeit

ZUTATEN FÜR 4 PORTIONEN

400 g geputzter, fein zerzupfter zarter Grünkohl
8 EL frisch gepresster Orangensaft
etwas brauner Zucker
2–3 TL milder Senf
Salz, gem. Pfeffer
8 getrocknete Aprikosenhälften
75 g getrocknete Cranberrys
3–4 EL Sonnenblumenkerne
200 g Pumpernickel
2–3 EL Butter oder Olivenöl
1 Knoblauchzehe
400 g Seidentofu

PRO PORTION:

E: 14 g, F: 15 g, Kh: 50 g, kcal: 418

1. Grünkohl gründlich waschen, trocken schleudern und in eine Rührschüssel geben. 4 Esslöffel Orangensaft mit ½ Teelöffel Zucker, 1 Teelöffel Senf, 1 gestrichenen Teelöffel Salz und Pfeffer verrühren. Die Marinade zum Grünkohl geben und gründlich unterkneten. Grünkohl mindestens 2 Stunden durchziehen lassen.

2. Aprikosenhälften in feine Streifen schneiden, mit den Cranberrys im restlichen Orangensaft einweichen.

3. Sonnenblumenkerne in einer Pfanne ohne Fett rösten, auf einen Teller geben und erkalten lassen. Pumpernickel in Würfel schneiden. Butter oder Olivenöl in der Pfanne erhitzen, Pumpernickelwürfel darin von allen Seiten knusprig rösten, auf Küchenpapier abtropfen lassen. Mit etwas Salz würzen.

4. Knoblauch abziehen und in feine Würfel schneiden. Mit Tofu, 1 Esslöffel Sonnenblumenkernen und restlichem Senf in einen hohen Mixbecher geben und mit einem Pürierstab oder im Mixer sehr fein pürieren. Das Dressing mit Salz, Pfeffer und Zucker würzig abschmecken. Den Grünkohl mit der Hälfte des Dressings vermischen.

5. Eingeweichte Früchte gut abtropfen lassen und unter den Grünkohlsalat mischen. Den Salat nochmals mit den Gewürzen abschmecken. Mit den restlichen Sonnenblumenkernen und Pumpernickel-Croûtons anrichten. Restliches Dressing dazureichen.

TIPPS:

Die festen Blätter des Grünkohls wurden früher als Gemüse lange geschmort oder in Eintöpfen gekocht. Doch der deftige Kohl schmeckt auch als Salat köstlich. Allerdings behalten die marinierten Blättchen deutlich mehr Biss als klassischer Blattsalat. Wer es etwas milder und leichter verdaulich mag, blanchiert die Blätter 1–2 Minuten in reichlich kochendem Salzwasser. Dann wie beschrieben weiterverarbeiten.

GURKENSUPPE

Zubereitungszeit: 30 Minuten, ohne Kühlzeit

ZUTATEN FÜR 4 PORTIONEN

375 ml Gurkensaft (entspricht etwa dem Saft 1 ungeschälten Gurke, frisch aus dem Entsafter/der Zentrifuge)
450 g saure Sahne
1 Bio-Salatgurke (etwa 400 g)
je ½ rote und grüne Paprikaschote
200 g abgetropfte Rote Bete (aus dem Glas)
2 hart gekochte Eier
2 Bund Schnittlauch
Salz, gem. Pfeffer

PRO PORTION:

E: 9 g, F: 14 g, Kh: 13 g, kcal: 225

1. Den Gurkensaft mit der sauren Sahne sorgfältig verrühren.

2. Die Salatgurke abspülen, abtrocknen und die Enden abschneiden.

3. Die Gurke mit der Schale längs halbieren und die Kerne mit einem Teelöffel herausschaben. Paprikahälften entstielen, entkernen und die weißen Scheidewände entfernen. Paprikahälften abspülen und abtropfen lassen.

4. Gurke, Paprikahälften und Rote Bete in kleine Würfel schneiden.

5. Die Eier pellen und ebenfalls klein würfeln. Schnittlauch abspülen, trocken tupfen und in Röllchen schneiden. Jeweils 1 Esslöffel der Gurken-, Paprika-, Rote-Bete- und Eierwürfel beiseitelegen. Die restlichen Würfel mit den Schnittlauchröllchen unter den mit saurer Sahne verrührten Gurkensaft rühren.

6. Die Gurkensuppe mit Salz und Pfeffer abschmecken und gut gekühlt servieren.

7. Die beiseitegelegten Gurken-, Paprika-, Rote-Bete- und Eierwürfel in je ein Schälchen geben und dazureichen.

BEILAGE:

Pro Portion 1–2 Scheiben Vollkorn- oder Nussbrot.

TIPPS:

Salatgurken, auch Schlangengurken, kommen vorwiegend aus dem Gewächshaus. Freilandgurken werden von Mitte August bis Ende September angeboten. Da Gurken zu 98 Prozent aus Wasser bestehen, liefern sie sehr wenig Kalorien, pro 100 g nur etwa 12 kcal. Die früher enthaltenen Bitterstoffe wurden durch Züchtung stark zurückgedrängt.

HEIDELBEER-RICOTTA-PANCAKES

● Zubereitungszeit: 30 Minuten
Backzeit: etwa 30 Minuten

ZUTATEN FÜR 4 PORTIONEN (12 STÜCK)

100 g Heidelbeeren
100 g griechischer Sahnejoghurt (10 % Fett)
1 Pck. Bourbon-Vanille-Zucker

FÜR DEN PANCAKE-TEIG:

1 Bio-Zitrone (unbehandelt, ungewachst)
125 g Ricotta (ital. Frischkäse)
15 g Voll-Rohrzucker
2 Eigelb (Größe M)
1 Prise Salz
60 g Weizenmehl
1 gestr. TL Backpulver
75 ml Milch (1,5 % Fett)
2 Eiweiß (Größe M)
15 g Voll-Rohrzucker
etwa 8 TL Sonnenblumenöl
150 ml Ahornsirup

PRO PORTION:

E: 10 g, F: 18 g, Kh: 49 g, kcal: 399

1. Heidelbeeren verlesen, abspülen, abtropfen lassen. Joghurt mit Vanille-Zucker verrühren.

2. Für den Teig die Zitrone heiß abwaschen, abtrocknen und etwa ½ Teelöffel von der Schale abreiben. Ricotta mit Zitronenschale, Zucker, Eigelb und Salz in einer Rührschüssel glatt verrühren. Mehl mit Backpulver mischen, mit der Milch kurz unter die Ricottamasse rühren. Dabei darauf achten, dass keine Klümpchen entstehen.

3. Eiweiß mit Zucker mit einem Mixer (Rührstäbe) auf höchster Stufe steif schlagen. Eischnee mit einem Teigschaber unter den Teig heben.

4. Aus dem Teig in 4 Portionen insgesamt 12 Pancakes backen. Dabei den Teig vor jedem Backen umrühren. Jeweils 1 Teelöffel Sonnenblumenöl in der Pfanne bei mittlerer Hitze erhitzen. Für jeden Pancake mit etwas Abstand 3–4 Esslöffel Teig in die Pfanne geben und sofort mit einigen Heidelbeeren belegen. Pancakes etwa 4 Minuten backen, bis der Teig etwas fest ist.

5. Sobald die Pancakeränder goldbraun sind, die Pancakes umdrehen, dabei noch etwa 1 Teelöffel vom restlichen Sonnenblumenöl in die Pfanne geben. Pancakes in 3–4 Minuten fertig backen, dann auf Küchenpapier legen und warm halten.

6. Pancakes mit Ahornsirup beträufeln und mit Joghurt servieren.

REZEPTVARIANTE:

Für **klassische Pancakes** (4 Portionen, 12 Stück) 140 g Dinkelmehl (Type 630) mit 2 gestrichenen Teelöffeln Backpulver mischen. 100 g Buttermilch mit 2 Eiern (Größe M), 1–2 Esslöffeln Mineralwasser mit Kohlensäure und 1 Teelöffel flüssigem Honig mit einem Schneebesen verschlagen. Buttermilch-Eier-Masse zum Mehlgemisch geben, unterrühren, dabei darauf achten, dass keine Klümpchen entstehen. Von 6 Teelöffeln Speiseöl 1 Teelöffel Öl in der Pfanne erhitzen. Aus dem Teig wie im Rezept ab Punkt 4 beschrieben in 3 Portionen insgesamt 12 Pancakes backen. Für jeden Pancake mit etwas Abstand etwa 1 Esslöffel Teig in die Pfanne geben. Die klassischen Pancakes mit etwa 60 ml Ahornsirup beträufeln und servieren.

HIRSEFLAN MIT ZUCCHINI

Zubereitungszeit: 35 Minuten, ohne Abkühlzeit
Garzeit: etwa 35 Minuten

ZUTATEN FÜR 4 PORTIONEN

FÜR DEN FLAN:

75 g Hirse
2 kleine Zucchini (etwa 300 g)
1 kleine Zwiebel (etwa 40 g)
15 g Butter
1 Ei (Größe M)
1 Eigelb (Größe M)
75 g Magerquark
1 gestr. TL Salz
gem. Pfeffer
ger. Muskatnuss

FÜR DIE SAUCE:

125 g Schlagsahne
Salz

ZUSÄTZLICH:

4 Timbale- oder Souffléförmchen

PRO PORTION:

E: 9 g, F: 19 g, Kh: 16 g, kcal: 281

1. Für den Flan Hirse in ein Sieb geben, mit kaltem Wasser abspülen und abtropfen lassen. Die Hirse in einem Topf mit Wasser nach Packungsanleitung zubereiten. Die Hirsemasse in eine Rührschüssel geben und abkühlen lassen.

2. Zucchini abspülen, abtrocknen und die Enden abschneiden. Zucchini grob raspeln. Zwiebel abziehen und fein würfeln. Butter in dem gesäuberten Topf zerlassen. Die Zwiebelwürfel darin andünsten. Zucchiniraspel hinzufügen und bei mittlerer Hitze unter gelegentlichem Rühren kurz mitdünsten, sodass sie noch bissfest sind.

3. Ein Drittel der Zucchiniraspel (etwa 100 g) herausnehmen und zur Hirsemasse geben. Restliche Zucchiniraspel im Topf unter Rühren so lange weiterdünsten, bis sie weich sind (3–5 Minuten).

4. Den Backofen vorheizen.
Ober-/Unterhitze: etwa 200 °C
Heißluft: etwa 180 °C

5. Ei mit Eigelb und Quark unter die Hirse-Zucchini-Masse mischen, mit Salz, Pfeffer und Muskat würzen. Die Hirse-Zucchini-Masse in den Förmchen (Rand und Boden gut gefettet) verteilen. Die Förmchen mit wenig Abstand in eine Auflaufform setzen. Vorsichtig so viel heißes Wasser in die Auflaufform gießen, dass die Auflaufform knapp über die Hälfte mit Wasser gefüllt ist.

6. Die Form auf dem Rost in den vorgeheizten Backofen schieben. Hirseflan **etwa 35 Minuten garen.**

7. In der Zwischenzeit für die Sauce die restlichen gedünsteten Zucchiniraspel mit der Sahne pürieren, mit Salz und Pfeffer abschmecken.

8. Die Förmchen aus dem Wasserbad nehmen (Achtung: heiß!) und etwa 5 Minuten auf einem Rost abkühlen lassen. Dann mit einem spitzen Messer die Flans von den Förmchenrändern lösen und auf Teller stürzen, mit der Zucchinisauce anrichten und servieren.

TIPP:

Die Flans vor dem Servieren mit abgespülten, trocken getupften Kräuterblättchen garnieren.

HIRSEPFANNE MIT SCHNITTLAUCHSAUCE

Zubereitungszeit: 40 Minuten

ZUTATEN FÜR 4 PORTIONEN

2 Knoblauchzehen
2 grüne Pfefferschoten
4 EL Olivenöl
Currypulver
200 g Hirse
500 ml Gemüsebrühe
Salz
250 g Frühlingszwiebeln
250 g Möhren
250 g Zucchini

FÜR DIE SCHNITTLAUCHSAUCE:

150 g Joghurt (3,5 % Fett)
250 g Schlagsahne
gem. Pfeffer
Knoblauchpulver
2 Bund Schnittlauch

PRO PORTION:

E: 11 g, F: 34 g, Kh: 49 g, kcal: 561

1. Knoblauch abziehen und zerdrücken. Pfefferschoten halbieren, entstielen, entkernen und die weißen Scheidewände entfernen. Schoten abspülen, abtropfen lassen und quer in dünne Streifen schneiden.

2. Einen Esslöffel Olivenöl in einer großen Pfanne erhitzen. Knoblauch und Pfefferschotenstreifen darin andünsten. Curry unterrühren und leicht mitdünsten lassen.

3. Hirse unterrühren, Brühe hinzugießen und zum Kochen bringen, mit Salz würzen. Hirse zugedeckt etwa 20 Minuten bei mittlerer Hitze quellen lassen.

4. In der Zwischenzeit Frühlingszwiebeln putzen, abspülen, abtropfen lassen und in dünne Scheiben schneiden. Möhren putzen, schälen, abspülen, abtropfen lassen und würfeln. Zucchini abspülen, abtrocknen und die Enden abschneiden. Zucchini in Würfel schneiden.

5. Restliches Olivenöl in einer Pfanne erhitzen. Vorbereitetes Gemüse darin zugedeckt dünsten (Möhren etwa 10 Minuten, Frühlingszwiebeln und Zucchini 4–5 Minuten).

6. Das Gemüse locker unter die Hirsemasse heben, evtl. nochmals mit Salz würzen. Hirsepfanne etwa 2 Minuten ziehen lassen.

7. Für die Schnittlauchsauce Joghurt mit Sahne verrühren, mit Salz, Pfeffer und etwas Knoblauch würzen.

8. Schnittlauch abspülen, trocken tupfen, in feine Röllchen schneiden und unter die Sauce rühren.

9. Die Sauce getrennt zur Hirsepfanne servieren.

HIRSESALAT MIT PAPRIKA UND ZUCCHINI

◷ Zubereitungszeit: 25 Minuten, ohne Abkühlzeit
Garzeit: etwa 25 Minuten
+ Vegan

ZUTATEN FÜR 4 PORTIONEN

200 g Hirse
400 ml vegane Gemüsebrühe
1 Zwiebel (etwa 120 g)
2 rote Paprikaschoten (etwa 500 g)
2 Zucchini (etwa 400 g)
50 g Korinthen
5 EL Olivenöl
Salz
gem. Pfeffer
1 Bund glatte Petersilie
2–3 EL Weißweinessig

PRO PORTION:

E: 9 g, F: 15 g, Kh: 53 g, kcal: 406

1. Hirse in ein Sieb geben, mit kaltem Wasser abspülen und abtropfen lassen. Brühe in einem Topf zum Kochen bringen. Hirse hinzugeben, unter Rühren wieder zum Kochen bringen und zugedeckt etwa 15 Minuten bei schwacher Hitze garen.

2. In der Zwischenzeit Zwiebel abziehen und in Streifen schneiden. Paprikaschoten vierteln, entstielen, entkernen und die weißen Scheidewände entfernen. Paprikaviertel abspülen, abtropfen lassen und in kurze Streifen schneiden.

3. Zucchini abspülen, abtrocknen und die Enden abschneiden. Zucchini in kurze Streifen schneiden. Korinthen in ein Sieb geben, mit heißem Wasser abspülen und abtropfen lassen.

4. Olivenöl in einem Topf erhitzen. Die Zwiebelstreifen darin andünsten. Paprikastreifen und Korinthen hinzugeben und zugedeckt etwa 10 Minuten garen. Dann Zucchinistreifen unterheben, mit Salz und Pfeffer würzen. Das Gemüse mit der Hirse vermischen. Den Salat etwas abkühlen lassen.

5. Petersilie abspülen, trocken tupfen und die Blättchen von den Stängeln zupfen, Blättchen klein schneiden und unter den Hirsesalat heben. Den Salat mit Salz, Pfeffer und Essig würzen.

HUMMUS MIT TORTILLA-STICKS

Zubereitungszeit: 25 Minuten, ohne Abkühlzeit

ZUTATEN FÜR 8 PORTIONEN

265 g abgetropfte Kichererbsen (aus der Dose)
50 g Tahini-Paste (Sesampaste)
4 EL Olivenöl
Salz
1 TL Paprikapulver rosenscharf
1 TL gem. Kreuzkümmel (Cumin)
2 EL Zitronensaft
4–5 EL kaltes Wasser

FÜR DIE TORTILLA-STICKS:

1 Eigelb (Größe M)
2 EL Milch
1 geh. EL ungeschälte Sesamsamen
2 geh. EL Paprikapulver rosenscharf
1 TL gem. Kreuzkümmel (Cumin)
3 Tortilla-Weizen-Fladen (Ø je etwa 20 cm)

2-3 EL Olivenöl
etwas Paprikapulver rosenscharf
einige Minzeblättchen

PRO PORTION:

E: 6 g, F: 16 g, Kh: 16 g, kcal: 236

1. Die Kichererbsen in ein Sieb geben, mit kaltem Wasser abspülen und gut abtropfen lassen. Die Kichererbsen in einen hohen Rührbecher geben. Tahini-Paste, Olivenöl, Salz, Paprika, Cumin und Zitronensaft hinzugeben.

2. Die Zutaten mit einem Pürierstab fein pürieren. Dabei so viel Wasser unterrühren, bis eine sehr glatte, cremige Masse entstanden ist. Hummus zugedeckt in den Kühlschrank stellen.

3. Den Backofengrill vorheizen.

4. Für die Tortilla-Sticks das Eigelb mit der Milch verschlagen. Sesam, Paprika und Kreuzkümmel unterrühren.

5. Die Tortilla-Fladen nebeneinander auf eine Arbeitsplatte legen. Die Fladen auf einer Seite dünn mit der Eiermilch bestreichen. Jeden Fladen in etwa 2 cm breite Streifen schneiden. Die Fladenstreifen mit der bestrichenen Seite nach oben auf ein Backblech (mit Backpapier belegt) legen.

6. Das Backblech in den vorgeheizten Backofen schieben. Die Tortilla-Sticks kurz goldbraun backen. Das Backblech auf einen Kuchenrost stellen, die Tortilla-Sticks erkalten lassen.

7. Hummus in Portionsschälchen füllen, dabei in der Mitte eine Kuhle bilden und diese mit dem Olivenöl füllen. Den Rand mit Paprika bestreuen und mit abgespülten, trocken getupften Minzeblättchen garnieren. Hummus mit den Tortilla-Sticks anrichten.

TIPPS:

Eine kleine Gabel in das Paprikapulver stippen und zur Dekoration auf das Hummus stempeln. Die Tortilla-Sticks während der Grillzeit beobachten, da sie sehr schnell bräunen.

KARTOFFEL-GRÜNKOHL-FRIKADELLEN

Zubereitungszeit: 60 Minuten

ZUTATEN FÜR 4 PORTIONEN

800 g festkochende Kartoffeln
Salz
450 g Grünkohlblätter
75 g Zwiebeln
30 g Butter
75 g Cheddar-Käse, im Stück
5 sehr frische Eier (Größe M)
2 EL Speisestärke
gem. Pfeffer

FÜR DIE SAUCE:

3 EL Barbecue-Sauce
1–2 EL Tomatenmark
3 EL Wasser
Chiliflocken

1 l Wasser
100 ml Weißweinessig

6 EL Speiseöl zum Braten
½ Bund Schnittlauch

PRO PORTION:

E: 22 g, F: 35 g, Kh: 37 g, kcal: 569

1. Kartoffeln schälen, abspülen, abtropfen lassen, in einem Topf knapp mit Wasser bedeckt zum Kochen bringen. Salz hinzugeben. Die Kartoffeln in etwa 25 Minuten gar kochen.

2. In der Zwischenzeit von den Grünkohlblättern die dicken Blattrippen entfernen. Grünkohlblätter gründlich abspülen, abtropfen lassen und in kochendem Salzwasser etwa 4 Minuten kochen lassen. Grünkohl mit kaltem Wasser abschrecken, in einem Sieb abtropfen lassen und anschließend mit den Händen gut ausdrücken und grob zerkleinern.

3. Die Zwiebeln abziehen und in kleine Würfel schneiden. Butter in einer Pfanne zerlassen. Zwiebelwürfel darin glasig dünsten. Cheddar grob reiben.

4. Die gegarten Kartoffeln abgießen, abdämpfen und sofort durch eine Kartoffelpresse in eine Rührschüssel drücken. Grünkohl, Zwiebelwürfel, geriebenen Käse, 1 Ei, Speisestärke, Salz und Pfeffer hinzufügen. Die Zutaten zu einem Teig verkneten und 8 Frikadellen daraus formen.

5. Für die Sauce Barbecue-Sauce, Tomatenmark und Wasser verrühren, mit Salz und einigen Chiliflocken abschmecken.

6. Wasser mit Essig in einem Topf zum Kochen bringen. Die restlichen Eier einzeln in einer Kelle aufschlagen und vorsichtig in das siedende (nicht sprudelnd kochende) Wasser gleiten lassen. Eiweiß sofort mit 2 Esslöffeln an das Eigelb schieben.

7. Das Essigwasser mit den Eiern ganz kurz aufkochen lassen. Den Topf von der Kochstelle nehmen. Die Eier in 3–5 Minuten gar ziehen lassen.

8. In der Zwischenzeit das Speiseöl in einer großen Pfanne erhitzen. Die Frikadellen darin von jeder Seite in 3–4 Minuten goldbraun braten.

9. Schnittlauch abspülen, trocken tupfen und bis auf einige Halme in Röllchen schneiden.

10. Kartoffel-Grünkohl-Frikadellen mit den Eiern auf Tellern anrichten, etwas Sauce daraufgeben und mit Schnittlauchröllchen bestreuen. Mit restlichen Schnittlauchhalmen garniert servieren.

KARTOFFEL-PASTINAKEN-STAMPF MIT GEMÜSE

Zubereitungszeit: 45 Minuten

ZUTATEN FÜR 4 PORTIONEN

FÜR DEN STAMPF:

300 g Pastinaken
1 kg mehligkochende Kartoffeln
250 ml Gemüsebrühe

FÜR DAS GEMÜSE:

1 kleiner Blumenkohl (etwa 800 g)
1 Bund Frühlingszwiebeln (etwa 200 g)
250 g Zuckerschoten
125 ml Gemüsebrühe

50 g Kürbiskerne

100 ml Milch (3,5 % Fett)
30 g Butter
Salz
gem. Pfeffer
ger. Muskatnuss

ZUM BETRÄUFELN:

evtl. etwa 4 EL Kürbiskernöl

PRO PORTION:

E: 14 g, F: 14 g, Kh: 44 g, kcal: 363

1. Für den Stampf Pastinaken putzen, schälen, abspülen, abtropfen lassen und in etwa ½ cm dicke Scheiben schneiden. Kartoffeln schälen, abspülen, abtropfen lassen und vierteln.

2. Brühe, Kartoffelstücke und Pastinakenscheiben in einem Topf zum Kochen bringen und zugedeckt etwa 25 Minuten bei schwacher Hitze dünsten.

3. In der Zwischenzeit für das Gemüse von dem Blumenkohl die Blätter und schlechten Stellen entfernen. Blumenkohl in kleine Röschen teilen, abspülen und abtropfen lassen. Frühlingszwiebeln putzen, abspülen, abtropfen lassen und schräg in etwa 1 cm breite Stücke schneiden. Zuckerschoten putzen und evtl. abfädeln. Zuckerschoten abspülen, abtropfen lassen und 1–2-mal schräg durchschneiden.

4. Brühe in einem breiten Topf zum Kochen bringen. Blumenkohlröschen hinzugeben und zugedeckt etwa 5 Minuten bei mittlerer Hitze dünsten.

5. In der Zwischenzeit Kürbiskerne in einer Pfanne ohne Fett unter Wenden hellbraun rösten, bis sie aufspringen. Kürbiskerne herausnehmen und auf einem Teller abkühlen lassen.

6. Frühlingszwiebel- und Zuckerschotenstücke zum Blumenkohl in den Topf geben und etwa 3 Minuten mitgaren lassen.

7. Milch aufkochen. Die gegarten Kartoffelstücke und Pastinakenscheiben in der verbliebenen Brühe mit einem Kartoffelstampfer zerdrücken. Milch und Butter unter das Püree rühren. Mit Salz, Pfeffer und Muskat abschmecken.

8. Das Gemüse mit Salz und Pfeffer würzen und mit dem Kartoffel-Pastinaken-Stampf anrichten. Das Gemüse mit den Kürbiskernen bestreuen und nach Belieben mit Kürbiskernöl beträufeln.

TIPP:

Wer anstelle der Kürbiskerne Nusskerne bevorzugt, kann auch gehobelte Haselnusskerne rösten und das Gemüse z. B. mit Nussöl oder leicht gebräunter Butter beträufeln.

KARTOFFELTARTE

Zubereitungszeit: 60 Minuten, ohne Abkühlzeit
Backzeit: etwa 42 Minuten

ZUTATEN FÜR 8 STÜCK

500 g mittelgroße, festkochende Kartoffeln

FÜR DEN TEIG:

200 g Vollkorn-Weizenmehl
1 Msp. Backpulver
½ gestr. TL Salz
120 g Butter
2 EL Wasser

1 Süßkartoffel (etwa 300 g)

FÜR DEN GUSS:

3 Eier (Größe M)
150 ml Milch (3,5 % Fett)
150 g Crème fraîche
Salz
gem. Pfeffer
ger. Muskatnuss

ZUSÄTZLICH:

etwa 20 g gemischte Sprossen, z. B. Alfalfa-Sprossen, Rettich und Rotkohl

PRO STÜCK:

E: 9 g, F: 23 g, Kh: 33 g, kcal: 373

1. Kartoffeln gründlich waschen, in einem Topf knapp mit Wasser bedeckt zum Kochen bringen und zugedeckt in etwa 25 Minuten gar kochen.

2. Für den Teig in der Zwischenzeit Mehl mit Backpulver mischen und in eine Rührschüssel geben. Salz, Butter in kleinen Stückchen und 2 Esslöffel kaltes Wasser hinzugeben.

3. Die Zutaten mit einem Mixer (Knethaken) zunächst kurz auf niedrigster, dann auf höchster Stufe zu einem glatten Teig verkneten. Sollte er kleben, ihn in Frischhaltefolie gewickelt eine Zeit lang in den Kühlschrank legen.

4. Den Backofen vorheizen.
Ober-/Unterhitze: etwa 200 °C
Heißluft: etwa 180 °C

5. Die Hälfte des Teiges auf einer leicht bemehlten Arbeitsfläche zu einer runden Platte (Ø etwa 28 cm) ausrollen und in eine Tarteform (Ø 28 cm, gefettet) legen. Teigboden mehrmals mit einer Gabel einstechen.

6. Restlichen Teig in Frischhaltefolie gewickelt wieder in den Kühlschrank stellen.

7. Die Form auf dem Rost in den vorgeheizten Backofen schieben. Den Boden **etwa 12 Minuten vorbacken.**

8. Die Form auf einen Kuchenrost stellen. Den Boden etwas abkühlen lassen.

9. Die gegarten Pellkartoffeln abgießen, mit kaltem Wasser abspülen, abtropfen lassen und heiß pellen. Kartoffeln etwas abkühlen lassen.

10. Süßkartoffel schälen, abspülen, abtropfen lassen, der Länge nach halbieren und quer in etwa ½ cm dicke Scheiben schneiden. Die abgekühlten Kartoffeln ebenfalls in Scheiben schneiden.

11. Aus dem restlichen kalt gestellten Teig 2 etwa 38 cm lange Rollen formen, in die Tarteform legen und einen Rand andrücken. Die Kartoffelscheiben (auch Süßkartoffelscheiben) dachziegelartig auf dem vorgebackenen Toastboden verteilen.

12. Für den Guss die Eier mit Milch und Crème fraîche verschlagen. Mit Salz, Pfeffer und Muskat würzen. Die Kartoffelscheiben mit dem Eierguss übergießen.

13. Die Form wieder auf dem Rost in den vorgeheizten Backofen schieben. Die Kartoffeltarte **bei gleicher Backofentemperatur in etwa 30 Minuten fertig backen.**

14. Die gemischten Sprossen in ein Sieb geben, mit warmem Wasser abspülen und abtropfen lassen. Die Kartoffeltarte heiß oder kalt mit den Sprossen servieren.

KARTOFFEL-TOFU-GULASCH

Zubereitungszeit: 30 Minuten
Garzeit: etwa 25 Minuten
+ Vegan

ZUTATEN FÜR 4 PORTIONEN

2 rote Zwiebeln
2 gelbe Paprikaschoten (etwa 400 g)
800 g festkochende Kartoffeln
600 g Tofu, natur (aus dem Kühlregal)
2 EL Olivenöl
2 EL Tomatenmark
1 EL Paprikapulver edelsüß
1 gestr. TL Kümmelsamen
800 ml vegane Gemüsebrühe
Salz
gem. Pfeffer
1 Bio-Zitrone
(unbehandelt, ungewachst)
2 Knoblauchzehen
1 kleines Bund Petersilie
15 g Weizenmehl
100 ml Sojasahne

PRO PORTION:

E: 20 g, F: 21 g, Kh: 4 g, kcal: 410

1. Zwiebeln abziehen und in kleine Würfel schneiden. Paprikaschoten halbieren, entstielen, entkernen und die weißen Scheidewände entfernen. Die Schoten abspülen, abtropfen lassen und würfeln. Die Kartoffeln schälen, abspülen, abtropfen lassen und in etwa 2 cm große Würfel schneiden. Den Tofu ebenfalls in etwa 2 cm große Würfel schneiden.

2. Olivenöl in einem Topf erhitzen. Die Zwiebel-, Paprika- und Kartoffelwürfel darin portionsweise unter Rühren andünsten.

3. Tomatenmark, Paprika und Kümmel unterrühren. Die Gemüsebrühe hinzugießen. Mit Salz und Pfeffer würzen. Die Zutaten zum Kochen bringen und zugedeckt bei mittlerer Hitze etwa 15 Minuten kochen lassen.

4. In der Zwischenzeit Zitrone heiß abwaschen, abtrocknen und die Schale abreiben. Knoblauch abziehen und kein schneiden. Petersilie abspülen, trocken tupfen und die Blättchen von den Stängeln zupfen, Blättchen klein schneiden. Zitronenschale mit Knoblauch und Petersilie vermischen und zugedeckt beiseitestellen.

5. Nach etwa 15 Minuten Garzeit die Tofuwürfel zu den Paprika- und Kartoffelstücken geben. Alles wieder zum Kochen bringen. Gulasch zugedeckt bei mittlerer Hitze in etwa 5 Minuten fertig garen.

6. Mehl mit der Sojasahne klümpchenfrei verrühren, unter Rühren zum Gulasch geben. Alles erneut zum Kochen bringen und bei schwacher Hitze etwa 5 Minuten ohne Deckel leicht kochen lassen, dabei gelegentlich umrühren. Das Kartoffel-Tofu-Gulasch mit Salz und Pfeffer abschmecken.

7. Das Kartoffel-Tofu-Gulasch auf Tellern anrichten und mit der beiseitegelegten Kräuter-Zitronen-Mischung bestreuen.

TIPPS:

Beim Abreiben der Zitronenschale darauf achten, dass keine weiße Haut mit abgerieben wird, sonst wir die Kräuter-Zitronen-Mischung bitter. Wer die typisch rote Farbe beim Tofu-Gulasch vermisst, rührt zusätzlich 1 Esslöffel Tomatenmark oder Paprikamark unter.

KARTOFFELTORTE MIT OREGANO

Zubereitungszeit: 30 Minuten
Garzeit: etwa 60 Minuten

ZUTATEN FÜR 4 PORTIONEN

800 g festkochende Kartoffeln
1 Bund oder 6 Stängel Oregano
Salz
gem. Pfeffer
Knoblauchpulver
400 g Schlagsahne
6 Eier (Größe M)
100 g ger. Käse, z. B. Gouda
oder fester Mozzarella

einige blühende Stängel Oregano

ZUSÄTZLICH:

40 g Butter für die Form

PRO PORTION:

E: 23 g, F: 48 g, Kh: 28 g, kcal: 642

1. Den Backofen vorheizen.
Ober-/Unterhitze: etwa 200 °C
Heißluft: etwa 180 °C

2. Kartoffeln schälen, abspülen, abtropfen lassen und in sehr dünne Scheiben schneiden oder hobeln. Oregano abspülen, trocken tupfen und die Blättchen von den Stängeln zupfen. Blättchen klein schneiden.

3. Kartoffelscheiben mit Oregano bestreuen, mit Salz, Pfeffer und Knoblauch würzen. Sahne und Eier verschlagen, mit Salz, Pfeffer und Knoblauch würzen.

4. Eine Springform (Ø 26 cm) so mit Backpapier auslegen, dass dabei ein etwa 7 cm hoher Rand entsteht. Das Backpapier an den Formrand drücken, sodass die Form dicht ist. Den Springformboden (Backpapier) mit Butter bestreichen.

5. Die Kartoffelscheiben in die Form schichten und die Eiersahne darauf verteilen, sodass die Kartoffelscheiben ganz bedeckt sind.

6. Die Form auf ein Backblech stellen und das Backblech in den vorgeheizten Backofen schieben. Die Kartoffeltorte **etwa 60 Minuten garen.**

7. Die Kartoffeltorte nach etwa 45 Minuten Garzeit mit Käse bestreuen und fertig garen.

8. Die Form auf einen Rost stellen. Die Kartoffeltorte etwa 5 Minuten in der Form stehen lassen, dann aus der Form lösen und in Stücke schneiden.

9. Oreganostängel vorsichtig abspülen und trocken tupfen. Die Kartoffeltorte mit Oregano garniert sofort servieren.

KARTOFFEL-ZUCCHINI-PUFFER MIT SPINATSALAT

Zubereitungszeit: 30 Minuten
+ Vegan

ZUTATEN FÜR 4 PORTIONEN

4 große, festkochende Kartoffeln, z. B. Linda
2 Zucchini
Salz
gem. Pfeffer

FÜR DEN SPINATSALAT:

500 g junger Blattspinat
8 dünne Frühlingszwiebeln
24 Cocktailtomaten
4 EL Zitronensaft
8 EL Olivenöl

8 EL Olivenöl zum Braten
8 EL Hummus (Kichererbsenpüree)

PRO PORTION:

E: 12 g, F: 46 g, Kh: 42 g, kcal: 638

1. Die Kartoffeln schälen, abspülen, abtropfen lassen und auf einer Haushaltsreibe grob reiben. Die Zucchini abspülen, abtrocknen und die Enden abschneiden. Zucchini ebenfalls reiben. Kartoffel- und Zucchiniraspel mit Salz und Pfeffer würzen.

2. Für den Salat den Blattspinat verlesen und die dicken Stiele entfernen. Spinat gründlich waschen, abtropfen lassen und trocken schleudern. Die Frühlingszwiebeln putzen, abspülen, abtropfen lassen und in feine Scheiben schneiden. Die Cocktailtomaten abspülen, trocken tupfen, halbieren und anschließend die Stängelansätze herausschneiden.

3. Zitronensaft mit Salz und Pfeffer verrühren, Olivenöl unterschlagen.

4. Etwas von dem Olivenöl in einer Pfanne erhitzen. Den Teig portionsweise in die Pfanne geben und etwas flach drücken. Die Puffer bei mittlerer Hitze von beiden Seiten goldbraun braten, mit einem Pfannenwender herausnehmen und auf Küchenpapier abtropfen lassen.

5. Den Blattspinat mit den Frühlingszwiebelscheiben, den Tomatenhälften und dem Dressing vermischen. Die Kartoffel-Zucchini-Puffer mit dem Spinatsalat und dem Hummus anrichten.

KÄSE-BROTAUFSTRICH

(IM FOTO LINKS)

Zubereitungszeit: 10 Minuten
Haltbarkeit: im Kühlschrank 3–4 Tage

ZUTATEN FÜR ETWA 450 G

300 g Crème fraîche
125 g Sahne-Schmelzkäse
4 EL Milch
2 EL Schnittlauchröllchen
Salz
gem. Pfeffer

INSGESAMT:

E: 21 g, F: 142 g, Kh: 18 g, kcal: 1428

1. Crème fraîche mit Schmelzkäse und Milch verrühren. Schnittlauchröllchen unterrühren. Den Aufstrich mit Salz und Pfeffer abschmecken.

2. Den Aufstrich in ein verschließbares Gefäß füllen und in den Kühlschrank stellen.

BROTEMPFEHLUNG:

Baguette, Fladenbrot oder Grissini.

KÄSECREME AUS ZIEGEN-FRISCHKÄSE (IM FOTO VORNE)

Zubereitungszeit: 20 Minuten, ohne Abkühlzeit
Haltbarkeit: im Kühlschrank etwa 2 Tage

ZUTATEN FÜR ETWA 400 G

1 kleine rote Zwiebel
1 EL Olivenöl
je 50 g schwarze und grüne Oliven
50 g abgetropfte, getrocknete, Tomaten, in Öl
1 Stängel Thymian
200 g Ziegenfrischkäse
gem. Pfeffer

INSGESAMT:

E: 19 g, F: 88 g, Kh: 22 g, kcal: 970

1. Zwiebel abziehen, klein würfeln. Olivenöl erhitzen. Die Zwiebelwürfel darin glasig dünsten, auf einem Teller erkalten lassen.

2. Oliven entsteinen, mit den Tomaten klein hacken. Thymian abspülen, trocken tupfen und die Blättchen von dem Stängel zupfen.

3. Zwiebelwürfel, Oliven-, Tomatenstücke und Thymianblättchen mit dem Ziegenfrischkäse verrühren. Die Creme mit Pfeffer abschmecken, in ein verschließbares Gefäß füllen und in den Kühlschrank stellen.

BROTEMPFEHLUNG:

Pizzakräcker, Baguette oder Crostini.

TIPP:

Die bestrichenen Brotscheiben mit Olivenringen und Thymianblättchen garnieren.

KÄSE-ZWIEBEL-MUFFINS MIT TOMATEN-CHUTNEY

Zubereitungszeit: 30 Minuten, ohne Abkühlzeit
Backzeit: etwa 25 Minuten

ZUTATEN FÜR 12 STÜCK

FÜR DAS TOMATEN-CHUTNEY:

300 g rote Zwiebeln
300 g Tomaten
250 g Extra Gelierzucker 2:1
50 ml weißer Balsamico-Essig

FÜR DEN MUFFIN-TEIG:

150 g Parmesan, im Stück
250 g Weizen-Vollkornmehl
100 g Röstzwiebeln (Fertigprodukt)
1 TL Paprikapulver edelsüß
2 gestr. TL Backpulver
1 gestr. TL Salz
250 g Buttermilch
3 EL Olivenöl

ZUSÄTZLICH:

1 Muffinform (für 12 Muffins)
12 Muffin-Papierbackförmchen

PRO STÜCK:

E: 8 g, F: 11 g, Kh: 40 g, kcal: 293

1. Für das Chutney die Zwiebeln abziehen und in feine Würfel schneiden. Tomaten abspülen, trocken tupfen, halbieren und die Stängelansätze herausschneiden. Tomatenhälften fein würfeln.

2. Zwiebel- und Tomatenwürfel (insgesamt 500 g) in den Topf geben. Gelierzucker unterrühren. Die Zutaten zum Kochen bringen und mindestens 3 Minuten unter ständigem Rühren sprudelnd kochen lassen. Essig unterrühren, nochmals aufkochen.

3. Den Topf von der Kochstelle nehmen. Chutney abkühlen lassen, bis es geliert und leicht fest wird (dauert etwa 2 Stunden).

4. Den Backofen vorheizen.
Ober-/Unterhitze: etwa 180 °C
Heißluft: etwa 160 °C

5. Für den Teig Parmesan evtl. entrinden und fein würfeln.

6. Mehl in einer Rührschüssel mit Röstzwiebeln, Paprika, Backpulver und Salz vermischen. Buttermilch und Olivenöl hinzugeben. Die Zutaten mit dem Mixer (Knethaken) zunächst kurz auf niedrigster, dann auf höchster Stufe zu einem glatten Teig verkneten. Käsewürfel kurz mit dem Mixer unterrühren.

7. Den Teig gleichmäßig mit einem Löffel in den Mulden einer Muffinform (für 12 Muffins, mit Papierbackförmchen ausgelegt) verteilen. Die Form auf dem Rost in den vorgeheizten Backofen schieben. Die Muffins **etwa 25 Minuten backen.**

8. Die Form auf einen Kuchenrost stellen. Muffins etwa 5 Minuten abkühlen lassen, dann mit den Papierbackförmchen aus der Form nehmen. Muffins warm oder kalt anrichten und mit dem Tomaten-Chutney servieren.

TIPPS:

Wer mag, bereitet gleich die doppelte Menge Chutney zu und füllt alles in vorbereitete Gläser mit Twist-off-Deckeln®. So hat man einen leckeren Vorrat. Das Chutney kann auch am Vortag zubereitet werden und zugedeckt im Kühlschrank auf seinen Einsatz warten.

KICHERERBSENEINTOPF

Zubereitungszeit: 20 Minuten, ohne Einweichzeit
Garzeit: 35–45 Minuten

ZUTATEN FÜR 2 PORTIONEN

ZUM VORBEREITEN:

125 g getrocknete Kichererbsen
300 ml kaltes Wasser

375 ml Gemüsebrühe
1 Knoblauchzehe
1 kleine Zwiebel
½–1 rote Chilischote oder 1 Msp. Sambal Oelek
1 EL Speiseöl, z. B. Distelöl
½ TL Garam Masala (indische Gewürzmischung)
1 TL Currypulver
150 g Staudensellerie
1 Möhre (etwa 100 g)
4 entsteinte, getrocknete Aprikosen
1 kleine Stange Lauch
1 EL Rosinen
4 EL Orangensaft
75 g Joghurt (3,5 % Fett)
Salz

PRO PORTION:

E: 17 g, F: 11 g, Kh: 51 g, kcal: 412

1. Zum Vorbereiten am Vorabend Kichererbsen in einem Topf mit Wasser bedeckt über Nacht quellen lassen.

2. Am nächsten Tag die gequollenen Kichererbsen mit dem Einweichwasser und der Brühe in dem Topf zum Kochen bringen und zugedeckt bei mittlerer Hitze 20–30 Minuten kochen lassen, bis die Kichererbsen fast gar sind, dabei die Packungsanleitung beachten.

3. In der Zwischenzeit Knoblauch und Zwiebel abziehen, in kleine Würfel schneiden. Chilischote halbieren, entstielen, entkernen, abspülen, abtropfen lassen und in feine Streifen schneiden.

4. Speiseöl in einer kleinen Pfanne erhitzen. Knoblauch- und Zwiebelwürfel darin kurz andünsten. Chilistreifen oder Sambal Oelek, Garam Masala und Curry hinzufügen, unter gelegentlichem Rühren mitdünsten lassen. Die Pfanne von der Kochstelle nehmen.

5. Staudensellerie putzen, abspülen, abtropfen lassen und evtl. etwas Selleriegrün beiseitelegen. Die Möhre putzen, schälen, abspülen und abtropfen lassen. Selleriestangen und Möhre in dünne Scheiben schneiden.

6. Knoblauch-Zwiebel-Mischung, Sellerie- und Möhrenscheiben zu den Kichererbsen in den Topf geben, wieder zum Kochen bringen und weitere etwa 10 Minuten kochen lassen, bis alles gar ist.

7. Aprikosen in Würfel schneiden. Lauch putzen, die Stange längs halbieren, gründlich waschen und abtropfen lassen. Lauch in feine Streifen schneiden. Etwa die Hälfte der Lauchstreifen in den Eintopf geben. Die restlichen Lauchstreifen zum Garnieren beiseitelegen.

8. Aprikosenwürfel, Rosinen, Orangensaft und Joghurt unter den Eintopf rühren und kurz erwärmen (nicht mehr kochen lassen). Eintopf mit etwas Salz abschmecken.

9. Den Eintopf vor dem Servieren mit den beiseitegelegten Lauchstreifen und nach Belieben mit dem beiseitegelegten Selleriegrün garnieren.

KÜRBIS-BÖREK-STICKS MIT ORANGEN-MINZE-DIP

Zubereitungszeit: 50 Minuten, ohne Abkühlzeit
Garzeit Kürbis: 18–20 Minuten
Bratzeit Sticks: 4–6 Minuten

ZUTATEN FÜR 18 STÜCK

FÜR DIE BÖREK-STICKS:

450 g Hokkaido-Kürbis
Salz
Cayennepfeffer
1 rote Zwiebel (etwa 40 g)
5–6 EL Sonnenblumenöl
4 Stängel Minze
350 g Fetakäse
1 EL Paprikapulver edelsüß
gem. Pfeffer

FÜR DEN ORANGEN-MINZE-DIP:

1 EL Schwarzkümmel
(„Cörek Otu", türkischer Lebensmittelladen)
1 TL fein abger. Bio-Orangenschale
(unbehandelt, ungewachst)
300 g Joghurt (3,5 % Fett)

200 g Yufka- oder Filoteig
(aus dem türkischen Lebensmittelladen)

PRO STÜCK:

E: 5 g, F: 9 g, Kh: 9 g, kcal: 136

1. Für die Sticks den Backofen vorheizen.
Ober-/Unterhitze: etwa 200 °C
Heißluft: etwa 180 °C

2. Den Kürbis abspülen, abtrocknen, halbieren und in etwa 2 ½ cm breite Spalten schneiden. Die Kerne mit dem faserigen Innenteil mit einem Löffel herausschaben. Die Kürbisspalten mit etwas Salz und Cayennepfeffer würzen und auf ein Backblech (gefettet, mit Backpapier belegt) setzen. Das Backblech in den vorgeheizten Backofen (unteres Drittel) schieben. Die Kürbisspalten **18–20 Minuten garen,** bis sie weich sind.

3. In der Zwischenzeit Zwiebel abziehen und fein würfeln. ½ Esslöffel von dem Sonnenblumenöl in einer Pfanne erhitzen. Zwiebelwürfel darin weich dünsten, dann auf einen Teller geben und erkalten lassen.

4. Das Backblech auf einen Kuchenrost stellen. Die gegarten Kürbisspalten erkalten lassen.

5. Minze abspülen, trocken tupfen und die Blättchen von den Stängeln zupfen. Die Blättchen von 2 Minzestängeln fein schneiden. Fetakäse in einer Schüssel zerbröseln. Die erkalteten Kürbisspalten fein zerschneiden und mit der fein geschnittenen Minze zu den Fetakäsebröseln in die Schüssel geben. Feta-Kürbis-Masse mit Zwiebelwürfeln und Paprika gut vermischen. Masse evtl. mit Salz und Pfeffer würzen.

6. Für den Dip den Schwarzkümmel in der gesäuberten Pfanne ohne Fett unter Wenden leicht rösten und auf einen Teller geben. Die restlichen Minzeblättchen fein schneiden, mit der Orangenschale und dem Joghurt glatt rühren. Den Orangen-Minze-Dip in 6 Schälchen füllen und mit dem Schwarzkümmel bestreuen.

7. Den Yufka- oder Filoteig in 18 Rechtecke (je etwa 20 x 30 cm) schneiden. Die Teigplatten übereinanderlegen und mit einem feuchten Geschirrtuch belegen (Teig wird sonst trocken und brüchig).

8. Ein Teigblatt im Querformat auf die Arbeitsfläche legen. Etwas von der Feta-Kürbis-Masse in einem etwa 12 cm langen Streifen daraufgeben. Die Teigseiten links und rechts darüberklappen und von unten nach oben fest aufrollen. Auf die gleiche Weise insgesamt 18 Kürbis-Börek-Sticks zubereiten. Die Sticks mit der Nahtseite nach unten auf ein Tablett (mit Backpapier belegt) legen.

9. Etwas von dem restlichen Sonnenblumenöl in der Pfanne erhitzen. Die Kürbis-Börek-Sticks darin portionsweise bei starker Hitze von allen Seiten in 2–3 Minuten goldbraun braten.

10. Die fertigen Sticks aus der Pfanne nehmen und auf Küchenpapier legen. Die Sticks warm stellen. Die warmen Kürbis-Börek-Sticks mit dem Dip servieren.

KÜRBIS-GNOCCHI MIT PILZEN UND SALBEIBUTTER

Zubereitungszeit: 50 Minuten, ohne Abkühlzeit
Garzeit: etwa 25 Minuten

ZUTATEN FÜR 4 PORTIONEN

700 g Hokkaido-Kürbis
Salz
300 g mehligkochende Kartoffeln
1 Eigelb (Größe M)
ger. Muskatnuss
400 g Pilze, z. B. Kräutersaitlinge
etwa 210 g Weizenmehl
3 EL Olivenöl
gem. schwarzer Pfeffer
75 g Butter
16 schöne Salbeiblättchen
1 EL Paprikapulver edelsüß

PRO PORTION:

E: 14 g, F: 26 g, Kh: 55 g, kcal: 531

1. Den Backofen vorheizen.
Ober-/Unterhitze: etwa 200 °C
Heißluft: etwa 180 °C

2. Den Kürbis gründlich abspülen, abtropfen lassen und halbieren. Die Kerne und den faserigen Innenteil mit einem Löffel herausschaben. Den Kürbis (500 g) in schmale Spalten schneiden, auf einem Backblech (mit Backpapier belegt) verteilen und mit Salz bestreuen. Das Backblech in den vorgeheizten Backofen schieben. Die Kürbisspalten **etwa 25 Minuten garen**.

3. In der Zwischenzeit die Kartoffeln gründlich waschen, knapp mit Wasser bedeckt zum Kochen bringen, Salz hinzufügen. Die Kartoffeln zugedeckt etwa 25 Minuten garen.

4. Die gegarten Kartoffeln abgießen, abdämpfen und heiß pellen. Kartoffeln mit den gegarten Kürbisspalten durch eine Kartoffelpresse in eine Rührschüssel drücken, evtl. zwischendurch die Kürbisschale aus der Presse entfernen. Das Eigelb mit einem Kochlöffel unter die Kürbis-Kartoffel-Masse rühren. Mit Salz und Muskat würzen und erkalten lassen.

5. Inzwischen die Pilze putzen, evtl. kurz abspülen und gut abtropfen lassen. Größere Pilze in Scheiben schneiden.

6. Etwa 2 Liter Wasser zum Kochen bringen, 1–2 Teelöffel Salz hinzugeben. Wenn die Kürbis-Kartoffel-Masse erkaltet ist, 140 g Mehl mit einem Kochlöffel unterarbeiten. Die Masse auf einer bemehlten Arbeitsfläche in 4 Portionen teilen. Jede Portion zu einer etwa 50 cm langen Rolle formen und in 2–2½ cm breite Stücke schneiden.

7. Die Gnocchi in das Wasser (es darf sich nur leicht bewegen) geben und 2–3 Minuten gar ziehen. Die Gnocchi mit der Schaumkelle herausnehmen und auf ein Backblech geben. Den restlichen Teig in Portionen auf die gleiche Weise verarbeiten, dabei das restliche Mehl verwenden, falls nötig, einen Teil davon unter die Masse kneten. Der Teig sollte weich sein und nur leicht kleben.

8. Olivenöl in einer sehr großen Pfanne erhitzen. Die Pilze darin 2–3 Minuten kräftig anbraten, dabei wenig rühren. Mit Salz und Pfeffer leicht würzen.

9. Die Butter in einem kleinen Topf goldbraun rösten, mit Salz und Pfeffer würzen. In der Zwischenzeit die Salbeiblätter abspülen und trocken tupfen. Salbeiblätter und Gnocchi in den Topf geben und in der Butter erhitzen.

10. Die Gnocchi auf vorgewärmten Tellern anrichten, die Pilze darauf verteilen. Dann mit Paprika bestreuen und sofort servieren.

KÜRBIS-KNUSPER-FLADEN

Zubereitungszeit: 35 Minuten
Backzeit: etwa 15 Minuten je Backblech

ZUTATEN FÜR 4 PORTIONEN

FÜR DEN HEFETEIG:

175 g Buttermilch (zimmerwarm)
21 g frische Hefe
½ TL flüssiger Honig
300 g Hokkaido-Kürbis
(vorbereitet gewogen etwa 200 g)
250 g Dinkelmehl (Type 630)
etwa 2 ½ TL Meersalz

FÜR DEN HERBSTSALAT:

500 g Rote-Bete-Kugeln
(vorgegart, vakuumverpackt)
½ EL Walnussöl
Salz
gem. schwarzer Pfeffer
etwas frischer oder ½ TL gerebelter Thymian
3 EL frisch gepresster Orangensaft

ZUM BESTREUEN:

3 EL Kürbiskerne

2 EL gehackte Walnusskerne
2 frische Zwiebeln mit Grün oder
Frühlingszwiebeln
1 Eichblattsalat
1 große, reife Birne
1 TL flüssiger Honig
2 EL Walnussöl

PRO PORTION:

E: 20 g, F: 19 g, Kh: 70 g, kcal: 533

1. Für den Teig Buttermilch in ein Gefäß geben. Die Hefe hineinbröckeln. Honig hinzugeben, glatt rühren und zugedeckt stehen lassen. In der Zwischenzeit von dem Kürbis faserigen Innenteil und Kerne mit einem Esslöffel herausschaben. Kürbis abspülen, trocken tupfen und fein raspeln.

2. Das Dinkelmehl in eine Rührschüssel geben. Hefe-Buttermilch hinzugießen, nach und nach zu einem festen Teig verkneten. Knapp 1 Teelöffel Salz und die Kürbisraspel gründlich unterkneten, bis ein glatter, recht weicher Teig entstanden ist. Den Teig weitere etwa 3 Minuten kräftig durchkneten, zugedeckt beiseitestellen.

3. Für den Salat Rote Bete klein schneiden. Walnussöl in einer Pfanne erhitzen. Rote Bete darin kurz andünsten, mit Salz, Pfeffer und Thymian würzen. Den Orangensaft hinzugießen. Die Pfanne von der Kochstelle nehmen.

4. Den Backofen vorheizen.
Ober-/Unterhitze: etwa 220 °C
Heißluft: etwa 200 °C

5. Den Teig nochmals kräftig durchkneten. Dann in 8 gleich großen Portionen auf einer sehr gut bemehlten Arbeitsfläche zu dünnen Fladen formen. Die Fladen auf 2 Backbleche (mit Backpapier belegt) legen und tiefe Mulden eindrücken.

6. Die Fladen mit den Kürbiskernen und dem restlichen Meersalz bestreuen. Die Backbleche nacheinander (bei Heißluft zusammen) in den vorgeheizten Backofen schieben (bei Ober-/Unterhitze auf der untersten Schiene). Die Fladen **in etwa 15 Minuten knusprig backen.**

7. Inzwischen Walnusskerne in einer Pfanne ohne Fett unter Wenden rösten, dann auf einen Teller geben. Zwiebeln abziehen oder Frühlingszwiebeln putzen, abspülen, abtropfen lassen. Zwiebeln oder Frühlingszwiebeln in feine Ringe schneiden. Salat putzen, zerteilen, die Blätter gut abspülen und trocken schleudern. Salat in mundgerechte Stücke zupfen.

8. Die Birne schälen, vierteln, entkernen und in schmale Spalten schneiden. Die vorbereiteten Salatzutaten in einer Schüssel anrichten. Honig und Walnussöl unter die Rote-Bete-Würfel mischen, nochmals abschmecken und über die Salatzutaten geben. Die heißen Kürbisfladen mit dem Salat anrichten und servieren.

TIPPS:

Kürbiskerne punkten mit B-Vitaminen, einem relativ hohen Vitamin-E-Gehalt sowie Mineralstoffen und Spurenelementen. Sie enthalten viel Fett, vor allem aber gesunde, ungesättigte Fettsäuren. Wenn es keine aromatischen Birnen gibt, können Sie stattdessen Äpfel, Nektarinen oder Pflaumen verwenden.

KÜRBIS-ORANGEN-RISOTTO MIT GEBRATENEM ROTKOHL

Zubereitungszeit: 40 Minuten
Garzeit Risotto: etwa 20 Minuten

ZUTATEN FÜR 4 PORTIONEN

FÜR DEN ROTKOHL:

500 g Rotkohl
Salz

FÜR DEN RISOTTO:

1 Zwiebel (etwa 80 g)
2 Bio-Orangen (unbehandelt, ungewachst)
20 g Butterschmalz
350 g Risotto-Reis
750 ml Gemüsebrühe
500 g Hokkaido-Kürbis
150 ml Orangensaft (von den Orangen)

20 g Butterschmalz
100 g Schlagsahne
gem. Pfeffer
1 EL brauner Zucker
gem. Gewürznelken
gem. Zimt

ZUM BESTREUEN:

grobes Meersalz

PRO PORTION:

E: 11 g, F: 19 g, Kh: 95 g, kcal: 605

1. Für den Rotkohl von dem Rotkohl die welken, äußeren Blätter entfernen. Den Kohl vierteln und den Strunk herausschneiden.

2. Die Kohlviertel abspülen, abtropfen lassen und in lange, dünne Streifen schneiden. Kohlstreifen in eine Schüssel geben, mit etwa ½ gestrichenen Teelöffel Salz bestreuen und beiseitestellen.

3. Für den Risotto die Zwiebel abziehen und in kleine Würfel schneiden. Die Orangen heiß abwaschen und abtrocknen. Die Schale von 1 Orange fein abreiben. Die Schale der zweiten Orange mit einem Zestenreißer in feinen Streifen abziehen. Beide Orangen halbieren und den Saft auspressen (ergibt etwa 150 ml Saft).

4. Das Butterschmalz in einem breiten Topf erhitzen. Risotto-Reis und Zwiebelwürfel darin glasig dünsten. Geriebene Orangenschale unterheben. Die Hälfte der Brühe unterrühren und zum Kochen bringen. Den Reis zugedeckt etwa 10 Minuten bei schwacher Hitze garen, dabei gelegentlich umrühren. Die restliche Brühe hinzugeben.

5. In der Zwischenzeit den Kürbis gründlich abspülen, abtropfen lassen und ungeschält in Spalten schneiden. Kürbisspalten entkernen und in etwa 1 cm große Würfel schneiden.

6. Kürbis mit dem Orangensaft unter den Reis rühren, etwa 10 Minuten bei schwacher Hitze mitgaren lassen, dabei gelegentlich umrühren.

7. Rotkohlstreifen leicht ausdrücken. Butterschmalz in einer großen Pfanne erhitzen. Kohlstreifen darin unter Rühren anbraten.

8. Dann den Kohl etwa 5 Minuten bei mittlerer Hitze braten, dabei immer wieder umrühren. Kurz vor Ende der Garzeit die Orangenschalenstreifen unterrühren und mitgaren lassen.

9. Sahne unter den Risotto rühren. Risotto mit Salz und Pfeffer abschmecken. Den Topf von der Kochstelle nehmen.

10. Den Zucker auf die Kohlstreifen streuen und unter Rühren kurz karamellisieren lassen. 3 Esslöffel Wasser hinzugeben. Den Kohl mit gemahlenen Nelken, Zimt und Pfeffer würzen.

11. Risotto und Kohlstreifen portionsweise anrichten. Kohlstreifen mit grobem Meersalz bestreuen.

KÜRBISSUPPE MIT CURRY UND ZITRONENGRAS

Zubereitungszeit: 45 Minuten
Garzeit: etwa 20 Minuten

ZUTATEN FÜR 4 PORTIONEN

1 kleiner Hokkaido-Kürbis (etwa 800 g)
1 Zwiebel
1 Knoblauchzehe
30 g frischer Ingwer
1 rote Chilischote
3 Stängel Zitronengras
3 EL Butter
2 TL Currypulver
1,2 l Gemüsebrühe
200 g Schlagsahne
Salz

ZUM BESTREUEN UND BETRÄUFELN:

30 g geröstete Kürbiskerne
2 EL Kürbiskernöl

PRO PORTION:

E: 8 g, F: 38 g, Kh: 12 g, kcal: 419

1. Den Kürbis abspülen, trocken tupfen, halbieren, den faserigen Innenteil und die Kerne mit einem Löffel herausschaben. Kürbishälften in Stücke schneiden.

2. Zwiebel und Knoblauch abziehen, grob würfeln. Ingwer schälen und reiben. Chilischote abspülen, abtropfen lassen und entstielen. Chilischote in feine Ringe schneiden. Zitronengras putzen, etwas flach klopfen, abspülen und abtropfen lassen.

3. Butter in einem Topf zerlassen. Zwiebel-, Knoblauchwürfel, Ingwer, Chiliringe und Zitronengras darin evtl. portionsweise andünsten. Die Kürbisstücke hinzugeben und mit Curry bestäuben.

4. Die Gemüsebrühe hinzugießen, zum Kochen bringen und zugedeckt etwa 20 Minuten kochen lassen, bis die Kürbisstücke weich sind. Das Zitronengras herausnehmen.

5. Die Suppe mit einem Pürierstab fein pürieren und evtl. durch ein Sieb passieren. Die Sahne unterrühren. Die Suppe nochmals aufkochen lassen, mit Salz und Curry abschmecken.

6. Die Kürbissuppe in Suppenschalen anrichten. Mit den gerösteten Kürbiskernen bestreuen und mit etwas Kürbiskernöl beträufeln. Suppe sofort servieren.

TIPPS:

Kürbiskerne röstet man am besten so: Die Kerne ohne Fett in einer beschichteten Pfanne bei mittlerer Hitze unter Wenden erhitzen (damit sie nicht anbrennen). Kürbiskerne auf einen Teller geben, sobald sie leicht gebräunt sind und angenehm duften (das dauert nur 3–4 Minuten). Wichtig ist, die Kerne nicht in der Pfanne zu belassen, da die gespeicherte Hitze die Kürbiskerne noch anbrennen lassen kann. Wenn Sie mögen, lösen Sie die Kürbiskerne aus dem verwendeten Hokkaido-Kürbis selbst aus. Dafür Kürbiskerne abspülen, abtropfen lassen und nebeneinander auf einem mit Backpapier belegten Tablett an einem warmen Ort gut trocknen lassen, dabei gelegentlich wenden.

LAVENDEL-MELONENTATAR MIT ZIEGENKÄSEMOUSSE

Zubereitungszeit: 40 Minuten, ohne Abkühlzeit
Backzeit: 6–7 Minuten

ZUTATEN FÜR 4 PORTIONEN

FÜR DIE MOUSSE:

150 g Ziegenfrischkäse
1 TL weißer Balsamico-Essig
1 TL flüssiger Honig
Salz
gem. Pfeffer

FÜR DAS MELONENTATAR:

1 Charentais- oder Cantaloupe-Melone
100 ml weißer Balsamico-Essig
4 EL flüssiger Honig
½ gestr. TL Salz
½ TL Lavendelblüten

4 kleine Frühlingsrollenblätter (aus dem Kühlregal)
etwas Olivenöl
½ gestr. TL Meersalz
2 EL grob gehackte Pinienkerne, geröstet
4 Lavendelblütenzweige

PRO PORTION:

E: 6 g, F: 15 g, Kh: 42 g, kcal: 332

1. Für die Mousse Ziegenfrischkäse mit Essig verrühren. Honig in einem kleinen Topf vorsichtig erwärmen.

2. Ziegenfrischkäse unterrühren, mit Salz und Pfeffer abschmecken und leicht abkühlen lassen. Mousse zugedeckt in den Kühlschrank stellen.

3. Für das Tatar die Melone halbieren und entkernen. Melonenhälften schälen, das Fruchtfleisch in sehr kleine Würfel schneiden und in eine Schüssel geben. Essig mit Honig und Salz in einem kleinen Topf zum Kochen bringen und um die Hälfte einkochen lassen. Lavendelblüten hinzugeben. Den Topf von der Kochstelle nehmen. Den Sirup erkalten lassen.

4. Den Backofen vorheizen.
Ober-/Unterhitze: etwa 180 °C
Heißluft: etwa 160 °C

5. Den Sirup durch ein Sieb auf die Melonenwürfel passieren (streichen) und mit Pfeffer abschmecken.

6. Die Frühlingsrollenblätter diagonal durchschneiden, sodass 8 Dreiecke entstehen. Mit Olivenöl bestreichen und mit Meersalz bestreuen.

7. Teigdreiecke auf einem Backblech (mit Backpapier belegt) verteilen. Das Backblech in den vorgeheizten Backofen schieben. Teigdreiecke in **6–7 Minuten knusprig backen.**

8. Das Melonentatar auf 4 Tellern anrichten. Von der Mousse mit einem Löffel je 1 Nocke abstechen und an das Tatar legen. 2 Gebäckdreiecke anlegen. Mit Pinienkernen und mit je 1 abgespülten und trocken getupften Lavendelblütenzweig garnieren.

LINGUINE MIT KRÄUTER-TOFU-SAUCE

Zubereitungszeit: 20 Minuten
+ Vegan

ZUTATEN FÜR 2 PORTIONEN

FÜR DIE SAUCE:

1 Zwiebel (etwa 50 g)
1 Knoblauchzehe
1 Möhre (etwa 150 g)
100 g Staudensellerie
2 EL Olivenöl
125 ml vegane Gemüsebrühe

200 g Linguine (dünne Bandnudeln)
Salz

200 g Tofu mit Kräutern
100 ml Sojacuisine
einige Stängel glatte Petersilie oder Basilikum
gem. Pfeffer
gem. Koriander

PRO PORTION:

E: 27 g, F: 30 g, Kh: 79 g, kcal: 725

1. Für die Sauce Zwiebel und Knoblauch abziehen, in kleine Würfel schneiden. Möhre putzen, schälen, abspülen, abtropfen lassen und klein würfeln. Staudensellerie putzen, abspülen, abtropfen lassen und in feine Scheiben schneiden.

2. Olivenöl in einem Topf erhitzen. Die Zwiebel- und Knoblauchwürfel darin kurz andünsten. Möhrenwürfel und Selleriescheiben hinzugeben und mitdünsten lassen. Brühe hinzugießen und zum Kochen bringen. Das Gemüse etwa 10 Minuten bei schwacher Hitze dünsten.

3. In der Zwischenzeit Linguine in kochendem Salzwasser nach Packungsanleitung bissfest garen, dabei gelegentlich umrühren.

4. Tofu in kleine Würfel schneiden. Tofu und Sojacuisine zum Gemüse geben und aufkochen lassen. Petersilie oder Basilikum abspülen, trocken tupfen und die Blättchen von den Stängeln zupfen, Blättchen klein schneiden.

5. Die gegarten Nudeln in ein Sieb geben, mit heißem Wasser abspülen und abtropfen lassen.

6. Die Tofusauce mit Salz, Pfeffer und Koriander würzen. Die Sauce mit den Nudeln anrichten und mit Kräutern bestreut servieren.

LINSEN-PAPRIKA-CURRY

Zubereitungszeit: 20 Minuten
Garzeit: etwa 30 Minuten
+ Vegan

ZUTATEN FÜR 2 PORTIONEN

1 kleine Zwiebel
1 Knoblauchzehe
15 g frischer Ingwer
1 EL Rapsöl
1 TL Currypulver
½ TL gem. Kurkuma (Gelbwurz)
175 g braune Linsen
400 ml vegane Gemüsebrühe
je 1 rote und gelbe Paprikaschote
(je etwa 200 g)
100 ml Haferkochcreme
Salz
gem. Pfeffer

PRO PORTION:

E: 24 g, F: 14 g, Kh: 51 g, kcal: 504

1. Zwiebel und Knoblauch abziehen. Ingwer schälen. Zwiebel in dünne Scheiben schneiden. Knoblauch und Ingwer in kleine Würfel schneiden. Etwa ein Drittel der Ingwerwürfel zugedeckt zum Bestreuen beiseitelegen.

2. Das Rapsöl in einem Topf erhitzen. Zwiebelscheiben, Knoblauch- und Ingwerwürfel darin andünsten. Curry und Kurkuma daraufgeben, unterrühren und ganz kurz mitdünsten.

3. Die Linsen hinzufügen und kurz unter Rühren mit andünsten. Die Brühe hinzugießen und die Zutaten zum Kochen bringen. Die Linsen zugedeckt bei schwacher Hitze etwa 20 Minuten garen (die Packungsanleitung beachten), dabei gelegentlich umrühren.

4. In der Zwischenzeit die Paprikaschoten halbieren, entstielen, entkernen und die weißen Scheidewände entfernen. Schoten abspülen, abtropfen lassen und in kleine Würfel oder feine Streifen schneiden.

5. Die Paprikawürfel oder -streifen mit der Haferkochcreme zu den Linsen in den Topf geben, unterrühren und einmal aufkochen lassen. Das Linsen-Paprika-Curry in weiteren etwa 10 Minuten bei schwacher Hitze fertig garen, dabei gelegentlich umrühren.

6. Das Linsen-Paprika-Curry mit Salz und Pfeffer abschmecken. Zum Servieren das Curry in tiefen Tellern oder Suppenschüsseln anrichten, mit beiseitegelegtem Ingwer bestreuen.

TIPPS:

Dazu schmeckt Naan-Brot, das in Südasien oder im vorderen Orient oft als Beilage zu heißen Speisen gegessen wird. Naan-Brot hat eine flache, fladenartige Form (der innere Teil ist flach, während der äußere Rand etwas dicker bleibt) und ähnelt geschmacklich einem Pizzabrot oder Stockbrot. Naan-Brot gibt es vorgebacken in gut sortierten Brotregalen des Supermarktes. Naan-Brot können Sie auch selber backen. Traditionell wird es aus gesäuertem Teig mithilfe von Joghurt und Hefe über offener Glut gebacken. Mit Backpulver und in der Pfanne geht es aber einfacher. Für 6 Stück: 250 g Weizenmehl (Type 550), 1 Teelöffel Zucker, 1 Teelöffel Backpulver, ½ Teelöffel Salz, 75 g Joghurt (3,5 % Fett) und 75 ml lauwarmes Wasser in eine Rührschüssel geben. Alles mit dem Mixer (Knethaken) zu einer glatten Teigkugel verkneten. Teigkugel in 6 gleich große Teigstücke teilen. Auf bemehlter Arbeitsfläche jedes Teigstück zu einem ovalen Fladen (je etwa 10 x 20 cm) ausrollen. Eine große Pfanne (Ø etwa 28 cm) erhitzen und bei großer Hitze jeweils 2 Fladen nebeneinander backen. Sobald das Brot kleine Blasen wirft, wenden und weiterbacken (je Seite etwa 2 ½–3 Minuten).

LINSEN-TOMATEN-TOPF

◔ Zubereitungszeit: 25 Minuten
Garzeit: etwa 35 Minuten
+ Vegan

ZUTATEN FÜR 4 PORTIONEN

150 g grüne Linsen
150 g rote Linsen
150 g gelbe Linsen
2 Frühlingszwiebeln
400 g Tomaten
2 Bund glatte Petersilie
2–3 EL Olivenöl
Salz, gem. Pfeffer
500 ml vegane Gemüsebrühe

PRO PORTION:

E: 29 g, F: 8 g, Kh: 63 g, kcal: 453

1. Die verschiedenen Linsen getrennt voneinander nach Packungsanleitung knapp bissfest garen (je nach Sorte 10–30 Minuten) und anschließend in einem Sieb abtropfen lassen.

2. Die Frühlingszwiebeln putzen, abspülen, abtropfen lassen und in feine Scheiben schneiden. Die Tomaten abspülen, abtrocknen, halbieren und die Stängelansätze herausschneiden. Die Tomatenhälften grob würfeln.

3. Die Petersilie abspülen, trocken tupfen und die Blättchen von den Stängeln zupfen. Die Blättchen klein schneiden.

4. Das Olivenöl in einem Topf erhitzen. Frühlingszwiebelscheiben und Tomatenwürfel darin unter Rühren andünsten. Die roten, gelben und grünen Linsen mit der Petersilie hinzufügen. Die Linsen-Gemüse-Mischung mit Salz und Pfeffer kräftig würzen.

5. Die Gemüsebrühe hinzugießen. Die Zutaten zum Kochen bringen und zugedeckt bei schwacher Hitze etwa 5 Minuten kochen lassen.

TIPPS:

Der bunte Linsentopf ist ideal, wenn Sie schon am Vortag wissen, dass die Zeit zum Kochen am nächsten Tag knapp ist. Garen Sie die Linsen nach Packungsanleitung. Stellen Sie die erkalteten Linsen bis zur Verwendung in den Kühlschrank. Servieren Sie zu dem Eintopf geröstete Brotstreifen. Dafür schneiden Sie 2 Scheiben Sandwich-Toast jeweils in 4 Streifen. Geben Sie 1 Esslöffel Knoblauch-Olivenöl in eine Pfanne und rösten Sie die Brotstreifen darin von allen Seiten bei mittlerer Hitze goldbraun. Die Brotstreifen mit etwas Salz und evtl. gerebeltem Thymian würzen.

LINSENTOPF MIT TOFUSAITLING

Zubereitungszeit: 30 Minuten, ohne Einweichzeit
Garzeit: etwa 25 Minuten

ZUTATEN FÜR 4 PORTIONEN

ZUM VORBEREITEN:

250 g getrocknete Puy-Linsen (französische Berglinsen)

1 Bund Suppengrün (Sellerie, Möhren, Lauch)
1 Zwiebel
2 Knoblauchzehen
1 Chilischote
2 große festkochende Kartoffeln
2 EL Butter
1 EL Zucker
3 EL Balsamico-Essig
1 ½ l Gemüsebrühe
Salz
1 Stängel Rosmarin
2 Stängel Thymian
gem. schwarzer Pfeffer
8 geräucherte Tofu-Saitlinge (Tofuwürstchen)
1 Bund glatte Petersilie
evtl. einige Stängel Thymian

PRO PORTION:

E: 39 g, F: 19 g, Kh: 61 g, kcal: 576

1. Zum Vorbereiten Linsen in kaltem Wasser über Nacht einweichen.

2. Suppengrün putzen, abspülen, abtropfen lassen und in kleine Würfel schneiden. Zwiebel und Knoblauch abziehen, ebenfalls klein würfeln. Chilischote abspülen, trocken tupfen, entstielen und in feine Ringe schneiden. Die Kartoffeln schälen, abspülen, abtropfen lassen und würfeln.

3. Butter in einem großen Topf zerlassen, Zucker darin karamellisieren. Die vorbereiteten Gemüsewürfel mit den Zwiebel-, Knoblauchwürfeln, Chiliringen und Kartoffelwürfeln portionsweise hinzugeben und andünsten. Mit Balsamico-Essig ablöschen, Gemüsebrühe sofort hinzugießen. Die eingeweichten Linsen abtropfen lassen und hinzugeben. Mit Salz würzen. Rosmarin und Thymian abspülen, trocken tupfen und ebenfalls hinzugeben.

4. Die Zutaten zum Kochen bringen. Den Eintopf zugedeckt etwa 25 Minuten bei schwacher Hitze kochen lassen.

5. Die Kräuterstängel aus dem Eintopf nehmen. Den Eintopf mit Salz, Pfeffer und evtl. mit etwas Balsamico-Essig abschmecken. Die Tofu-Saitlinge in den Eintopf geben und miterhitzen.

6. In der Zwischenzeit Petersilie abspülen, trocken tupfen und die Blättchen von den Stängeln zupfen. Blättchen klein schneiden.

7. Den Eintopf in Suppenschalen anrichten und mit Petersilie bestreut servieren. Nach Belieben mit abgespülten, trocken getupften Thymianstängeln garnieren.

MAISCREMESUPPE MIT GEBRATENEN TOFUSPIESSEN

Zubereitungszeit: 40 Minuten
Garzeit: etwa 10 Minuten

ZUTATEN FÜR 4 PORTIONEN

4 frische Maiskolben
1 Zwiebel
1 kleine rote Chilischote
2 EL Butter
750 ml Gemüsebrühe
Salz
1 Bio-Limette (unbehandelt, ungewachst)
200 g Tofu, natur (aus dem Kühlregal)
2 EL Sesamöl
2 EL Teriyaki-Sauce
250 g Schlagsahne
gem. weißer Pfeffer
2 EL Olivenöl
4 Stängel Thai-Basilikum
8 Stängel Koriander

ZUSÄTZLICH:

8 kleine Holzspieße

PRO PORTION:

E: 13 g, F: 34 g, Kh: 20 g, kcal: 437

1. Von den Maiskolben evtl. vorhandene äußere Blätter entfernen. Maiskolben kurz unter fließendem kalten Wasser abspülen und abtropfen lassen. Mit einem Sägemesser rundherum die gelben Maiskörner herunterschneiden. Die Zwiebel abziehen und klein würfeln. Chilischote abspülen, trocken tupfen, entstielen und in feine Ringe schneiden.

2. Butter in einem Topf zerlassen. Zwiebelwürfel, Chiliringe und Maiskörner darin unter Rühren andünsten. Gemüsebrühe hinzugießen, mit Salz würzen. Die Zutaten zum Kochen bringen und etwa 10 Minuten bei mittlerer Hitze kochen lassen.

3. In der Zwischenzeit die Limette heiß abwaschen, abtrocknen und die Schale abreiben. Limette halbieren und den Saft auspressen. Den Tofu in gleich große Würfel schneiden und in eine Schale legen. Aus Sesamöl, Teriyaki-Sauce, Limettenschale und 2 Esslöffeln Limettensaft eine Marinade zubereiten und auf den Tofuwürfeln verteilen.

4. Die Sahne in die Maissuppe geben und nach Geschmack fein oder grob pürieren. Die Maiscremesuppe mit Salz, Pfeffer und Limettensaft abschmecken.

5. Die Tofuwürfel auf den Holzspießen verteilen. Olivenöl in einer Pfanne erhitzen. Die Tofuspieße darin von allen Seiten braten.

6. Basilikum abspülen, trocken tupfen und die Blättchen von den Stängeln zupfen. Blättchen in Streifen schneiden. Koriander abspülen, trocken tupfen und die Blättchen von den Stängeln zupfen.

7. Die Suppe in Suppenschalen anrichten, mit Basilikumstreifen bestreuen und mit Korianderblättchen garnieren. Die Tofuspieße dazureichen.

MANDELMILCHCREME MIT BEERENKOMPOTT

Zubereitungszeit: 30 Minuten, ohne Kühlzeit
+ Vegan

ZUTATEN FÜR 4 PORTIONEN

6 g Agar-Agar (Seetangpulver zum Gelieren)
600 ml Mandelmilch
(rein pflanzlicher Milchersatz)
½ Vanilleschote
80 g Zucker
½ Stange Zimt
8 Tropfen Bittermandel-Aroma
500 g Erdbeeren
2 EL Bourbon-Vanille-Zucker
250 g Himbeeren
125 g Heidelbeeren
4 EL geröstete, gehobelte Mandeln
evtl. Minzeblättchen

PRO PORTION:

E: 7 g, F: 12 g, Kh: 48 g, kcal: 342

1. Agar-Agar in ½ Tasse Mandelmilch glatt rühren. Die restliche Mandelmilch mit der ausgekratzten Vanilleschote, Vanillemark, Zucker, Zimt und Bittermandel-Aroma in einem Topf zum Kochen bringen. Das angerührte Agarpulver unter ständigem Rühren in den Topf geben und 1–2 Minuten unter Rühren kochen lassen.

2. Die Mandelmilch durch ein ganz feines Sieb passieren und sofort in 4 kalt ausgespülten Förmchen verteilen. Die Förmchen mit Frischhaltefolie zudecken und etwa 2 Stunden in den Kühlschrank stellen.

3. Die Erdbeeren putzen, abspülen, gut abtropfen lassen, entstielen und vierteln. Die Hälfte der Erdbeeren mit Vanille-Zucker pürieren. Die Himbeeren und Heidelbeeren verlesen, evtl. kurz abspülen, trocken tupfen und mit den restlichen Erdbeeren in die pürierte Erdbeersauce geben.

4. Die Förmchen mit der Mandelmilchcreme kurz in heißes Wasser tauchen und anschließend auf Dessertteller stürzen. Mit dem Beerenkompott, den Mandeln und nach Belieben mit abgespülten, trocken getupften Minzeblättchen garnieren.

MANDELSÜPPCHEN MIT CROÛTONS

Zubereitungszeit: 30 Minuten
Garzeit: etwa 10 Minuten

ZUTATEN FÜR 4 PORTIONEN

2 Schalotten
1 Knoblauchzehe
2 EL Butter
125 g gehobelte Mandeln
1 EL Weizenmehl
750 ml Gemüsebrühe
Salz
2 große Scheiben Mehrkorntoast
4 EL Olivenöl
2 EL nicht abgezogene Mandeln, grob gehackt
2 Stängel Rosmarin
250 ml Mandelmilch, ungesüßt
(aus dem Reformhaus oder Bioladen)
gem. Pfeffer

PRO PORTION:

E: 15 g, F: 45 g, Kh: 16 g, kcal: 524

1. Schalotten und Knoblauch abziehen, grob zerkleinern. Butter in einem Topf zerlassen. Die Schalotten- und Knoblauchstückchen darin kurz andünsten. Die Mandeln hinzugeben und kurz mitdünsten lassen, mit Mehl bestäuben und kurz unterrühren. Die Gemüsebrühe hinzugießen, zum Kochen bringen und mit Salz würzen. Die Zutaten etwa 10 Minuten bei schwacher Hitze kochen lassen.

2. In der Zwischenzeit die Toastscheiben entrinden und in Würfel schneiden. 2 Esslöffel des Olivenöls in einer Pfanne erhitzen. Die Brotwürfel darin langsam von allen Seiten goldgelb braten. Wenn die Brotwürfel anfangen Farbe zu nehmen, die gehackten Mandeln und 1 abgespülten, trocken getupften Rosmarinstängel mitbraten lassen. Mit Salz würzen. Die Brotwürfel-Mandel-Mischung aus der Pfanne nehmen und auf Küchenpapier abtropfen lassen. Rosmarinstängel entfernen.

3. Die Mandelmilch in die Suppe geben und kurz mitkochen lassen. Die Suppe in einer Küchenmaschine oder mit einem Pürierstab fein pürieren, mit Salz und Pfeffer abschmecken.

4. Restlichen Rosmarinstängel abspülen, trocken tupfen und die Nadeln von dem Stängel zupfen. Die Suppe in vorgewärmten Schalen verteilen und jeweils etwas von dem restlichen Olivenöl darauftäufeln. Jeweils einige Croûtons mit den Mandeln in die Suppe geben. Mit Rosmarinnadeln bestreuen.

TIPP:

Das Mandelsüppchen mit ofenfrischem Baguette servieren.

MEERRETTICHSUPPE MIT APFELSPALTEN UND SIRUP

● Zubereitungszeit: 50 Minuten
▲ Mit Alkohol

ZUTATEN FÜR 4 PORTIONEN

50 g frischer Ingwer
60 g Zucker
80 g Butter
300 ml naturtrüber Apfelsaft
10 Wacholderbeeren
5 Pimentkörner
200 ml Weißwein
400 ml Gemüsefond
125 g Schalotten
350 g Schlagsahne
Salz
gem. schwarzer Pfeffer
50 g frischer Meerrettich
2 Äpfel (je etwa 150 g)

PRO PORTION:

E: 4 g, F: 53 g, Kh: 39 g, kcal: 677

1. Den Ingwer schälen und sehr klein würfeln. Zucker in einem kleinen Topf bei mittlerer Hitze goldbraun schmelzen lassen. 20 g Butter hinzugeben und kurz aufschäumen lassen, die Ingwerwürfel unterrühren. 100 ml Apfelsaft hinzugießen, zum Kochen bringen und etwa 5 Minuten sirupartig einkochen lassen. Den Topf von der Kochstelle nehmen und beiseitestellen.

2. Die Wacholderbeeren und Pimentkörner im Mörser grob zerstoßen, mit Weißwein, restlichem Apfelsaft und Gemüsefond in einem Topf zum Kochen bringen und etwas einkochen lassen.

3. Die Schalotten abziehen und fein würfeln. 40 g von der restlichen Butter in einem Topf zerlassen. Schalottenwürfel darin andünsten. 250 g Sahne und eingekochten Apfel-Gemüse-Fond durch ein Sieb hinzugießen. Mit Salz und etwas Pfeffer würzen. Die Zutaten zum Kochen bringen und etwa 10 Minuten kochen lassen.

4. In der Zwischenzeit Meerrettich schälen und fein reiben. Restliche Sahne halbsteif schlagen und in den Kühlschrank stellen. Äpfel schälen, vierteln, Kerngehäuse entfernen und die Viertel in Spalten schneiden. Die Apfelspalten in der restlichen Butter in einer Pfanne bei schwacher bis mittlerer Hitze von beiden Seiten kurz braten.

5. Von dem geriebenen Meerrettich 2 Esslöffel abnehmen und zum Garnieren beiseitestellen. Restlichen Meerrettich zu der Suppe in den Topf geben und ganz kurz mit aufkochen lassen. Die geschlagene Sahne hinzugeben. Die Suppe mit einem Pürierstab schaumig mixen. Den Topf von der Kochstelle nehmen.

6. Die gebratenen Apfelspalten in vorgewärmten Tellern verteilen und mit der Suppe auffüllen. Mit dem Ingwer-Sirup beträufeln und mit dem beiseitegestellten Meerrettich bestreuen.

MELONEN-GAZPACHO MIT ZIEGENKÄSE-NOCKEN

Zubereitungszeit: 25 Minuten, ohne Kühlzeit

ZUTATEN FÜR 4 PORTIONEN

FÜR DIE GAZPACHO:

350 ml Gemüsebrühe
35 g Hirseflocken
1 rote Paprikaschote (etwa 190 g)
300 g Fleischtomaten
1–2 Knoblauchzehen
560 g Zuckermelonen-Fruchtfleisch, z. B. Charentais-, Ogen- oder Cantaloup-Melone (vorbereitet gewogen)
1–2 EL Apfel- oder weißer Balsamico-Essig
Salz, gem. Pfeffer
Chiliflocken oder Cayennepfeffer

FÜR DIE ZIEGENFRISCHKÄSE-NOCKEN:

2–3 Stängel Minze
25 g abgetropfte, getrocknete Tomaten, in Öl
150 g milder Ziegenfrischkäse (17 % Fett)

evtl. eiskaltes (Mineral-)Wasser

PRO PORTION:

E: 8 g, F: 8 g, Kh: 30 g, kcal: 223

1. Für die Gazpacho Brühe in einem Topf zum Kochen bringen. Den Topf von der Kochstelle nehmen. Die Hirseflocken einrühren, etwas abkühlen lassen.

2. In der Zwischenzeit Paprikaschote halbieren, entstielen, entkernen und die weißen Scheidewände entfernen. Die Schoten abspülen, abtropfen lassen und mit einem Sparschäler die Haut fein abschälen.

3. Tomaten kreuzweise einschneiden und mit kochendem Wasser übergießen. Nach 1–2 Minuten herausnehmen und mit kaltem Wasser abschrecken. Tomaten häuten, halbieren und die Stängelansätze herausschneiden. Die Kerne entfernen.

4. Das Tomaten- und Paprikafruchtfleisch in grobe Stücke schneiden. Knoblauch abziehen und fein würfeln. Melonenfruchtfleisch (geschält und entkernt) in Stücke schneiden.

5. Tomaten-, Paprika- und Melonenstücke in einen hohen Topf geben und alles sehr fein pürieren, nach Belieben durch ein Sieb passieren. Nach und nach die Brühe hinzugießen und mit dem Pürierstab untermixen. Gazpacho mit Essig, Salz, Pfeffer und Chili oder Cayennepfeffer würzen. Die Gazpacho zugedeckt mindestens 2 Stunden im Kühlschrank gut durchkühlen lassen.

6. Für die Nocken Minze abspülen, trocken tupfen und die Blättchen von den Stängeln zupfen. Minze und Tomaten fein schneiden. Frischkäse glatt rühren, Minze und Tomaten unterrühren, mit Pfeffer abschmecken. Gazpacho nach Belieben mit etwas eiskaltem Wasser oder Mineralwasser verlängern, nochmals abschmecken. Gazpacho in Schälchen verteilen. Von dem Frischkäse mit 2 Teelöffeln kleine Nocken abstechen und mit der Gazpacho servieren.

MISOSUPPE MIT TOFU UND ALGEN

Zubereitungszeit: 25 Minuten
+ Vegan

ZUTATEN FÜR 4 PORTIONEN

4 Frühlingszwiebeln
2 Möhren
1 rote Paprikaschote
50 g Zuckerschoten
80 g Shiitakepilze oder braune Champignons
100 g Tofu
1 EL Rapsöl
800 ml kochendes Wasser
6 EL Misopaste (fermentierte Sojabohnenpaste, erhältlich im Asialaden)
2 EL getrocknete Wakame-Algen oder andere getrocknete Meeresalgen (erhältlich im Asialaden)

PRO PORTION:

E: 9 g, F: 6 g, Kh: 21 g, kcal: 173

1. Frühlingszwiebeln putzen, abspülen, abtropfen lassen und schräg in dünne Scheiben schneiden. Möhren putzen, schälen, abspülen, abtropfen lassen und in dünne Scheiben schneiden.

2. Paprikaschote halbieren, entstielen, entkernen und die weißen Scheidewände entfernen. Schote abspülen, abtropfen lassen und in Streifen schneiden. Von den Zuckerschoten die Enden abschneiden, evtl. abfädeln. Die Schoten abspülen, abtropfen lassen und halbieren.

3. Pilze putzen, evtl. kurz abspülen und abtropfen lassen. Angetrocknete Stielenden der Shiitakepilze entfernen. Tofu etwa 1 cm groß würfeln.

4. Rapsöl in einem Topf erhitzen. Frühlingszwiebel-, Möhrenscheiben, Paprikastreifen und Zuckerschoten darin portionsweise andünsten. Kochendes Wasser hinzugießen und alles zum Kochen bringen. Den Topf von der Kochstelle nehmen.

5. Die Misopaste mit etwas von der Suppe glatt rühren und anschließend unter die Suppe rühren (nicht mehr kochen lassen).

6. Wakame-Algen, Tofuwürfel und Pilze in die Suppe geben und miterhitzen.

TIPPS:

Nach Belieben die Misosuppe mit etwas Sojasauce nachwürzen. Die Misosuppe ist ein fester Bestandteil in der japanischen Esskultur und die Misopaste die Basis für viele Gerichte in Japan. Misopaste wird oftmals in verschiedenen Geschmacksnuancen (mit und ohne Zusatzstoffe und Geschmacksverstärker, von süßlich-mild über herzhaft-würzig bis sehr salzig; je nach Getreidesorte und Dauer des Fermentierens) angeboten. Probieren Sie einfach die Produktpalette durch, bis Sie Ihren Favoriten gefunden haben. Algen haben teilweise einen sehr hohen Jodgehalt, da sie bis zu einem Jahr im Meerwasser wachsen können, bevor sie geerntet werden. Algen sollten deshalb nur maßvoll gegessen werden.

MÖHREN MIT QUINOA UND SCHAFSKÄSE GRATINIERT

Zubereitungszeit: 45 Minuten
Gratinierzeit: etwa 15 Minuten

ZUTATEN FÜR 4 PORTIONEN

170 g einfarbiges Quinoa
2 Schalotten (etwa 70 g)
200 g Staudensellerie
20 g getrocknete Tomaten
5 EL Olivenöl
500 ml Gemüsebrühe
1 ½ kg kleine Möhren
Salz
gem. Pfeffer
200 g Schafskäse

PRO PORTION:

E: 19 g, F: 25 g, Kh: 41 g, kcal: 464

1. Das Quinoa gründlich waschen und in einem Sieb abtropfen lassen. Die Schalotten abziehen, zuerst in Scheiben schneiden, dann in Ringe teilen.

2. Staudensellerie putzen, abspülen, abtropfen lassen und in schmale Scheiben schneiden. Selleriegrün beiseitelegen. Tomaten in schmale Streifen schneiden.

3. Zwei Esslöffel des Olivenöls in einem Topf erhitzen. Die Schalottenringe, Quinoa und Tomatenstreifen darin unter Rühren andünsten. 375 ml von der Brühe hinzugießen, zum Kochen bringen und zugedeckt etwa 12 Minuten bei mittlerer Hitze vorgaren. Sellerieschreiben hinzugeben, etwa 5 Minuten mitgaren lassen.

4. In der Zwischenzeit Möhren putzen, schälen, dabei etwa 1 cm von den Stängelansätzen stehen lassen. Möhren abspülen und abtropfen lassen. Dicke Möhren der Länge nach halbieren oder vierteln.

5. Zwei weitere Esslöffel Olivenöl in einem großen, flachen Topf erhitzen. Die Möhren darin portionsweise andünsten. Die restliche Brühe hinzugießen und zum Kochen bringen. Möhren zugedeckt etwa 12 Minuten bei mittlerer Hitze dünsten.

6. Den Backofen vorheizen.
Ober-/Unterhitze: etwa 200 °C
Heißluft: etwa 180 °C

7. Quinoa-Gemüse mit Salz und Pfeffer würzen und in eine flache Auflaufform (etwa 2 ½-Liter-Inhalt, gefettet) geben. Möhren darauf verteilen.

8. Schafskäse trocken tupfen, in kleine Stücke teilen und auf die Möhren legen. Mit restlichem Olivenöl beträufeln. Die Form auf dem Rost in den vorgeheizten Backofen schieben. Möhren mit Quinoa in **etwa 15 Minuten goldbraun überbacken.**

9. Beiseitegelegtes Selleriegrün klein zupfen. Die gratinierten Möhren mit dem Selleriegrün garnieren.

TIPPS:

Quinoa stammt aus Südamerika. Es hat sehr kleine, runde Körner, sieht ähnlich aus wie Hirse und kann auch so verwendet werden. Es ist glutenfrei. Im Bio-Handel werden rote oder weiße Körner oder eine Mischung aus weißen, roten und schwarzen Körnern angeboten. Im Geschmack ist Quinoa etwas feiner als Hirse.

MOZZARELLAPFANNE

Zubereitungszeit: 45 Minuten
Garzeit: etwa 18 Minuten

ZUTATEN FÜR 2–3 PORTIONEN

4 große Kartoffeln (etwa 600 g)
1 Zwiebel
3 EL Olivenöl
Salz, gem. Pfeffer
einige Stängel frischer oder
½ TL gerebelter Thymian
etwa 350 g Zucchini
1 ½ abgetropfte Mozzarella-Kugeln (je Kugel etwa 125 g) oder 200 g abgetropfte Mini-Mozzarella-Kugeln
200 g Cocktailtomaten

PRO PORTION:

E: 20 g, F: 28 g, Kh: 37 g, kcal: 498

1. Kartoffeln schälen, abspülen und abtropfen lassen. Die Kartoffeln in Scheiben oder Spalten schneiden.

2. Die Zwiebel abziehen, zuerst in Scheiben schneiden, dann in Ringe teilen.

3. Olivenöl in einer großen Pfanne erhitzen. Kartoffelscheiben oder -spalten mit den Zwiebelringen hinzugeben und unter häufigem Wenden anbraten. Mit Salz und Pfeffer würzen.

4. Thymianstängel abspülen, trocken tupfen und die Blättchen von den Stängeln zupfen. Thymian und etwa 8 Esslöffel Wasser zu den Kartoffelscheiben oder -spalten in die Pfanne geben und zugedeckt etwa 10 Minuten bei mittlerer Hitze garen. Dabei die Kartoffelscheiben oder -spalten gelegentlich wenden, evtl. noch etwas Wasser hinzugießen.

5. Die Zucchini abspülen, abtrocknen und die Enden abschneiden. Die Zucchini in Scheiben schneiden.

6. Die Zucchinischeiben zu den Kartoffelscheiben oder -spalten in die Pfanne geben und weitere etwa 5 Minuten ohne Deckel unter Wenden braten.

7. Die Mozzarella-Kugeln in kleine Stücke schneiden oder die Mini-Mozzarella-Kugeln halbieren.

8. Tomaten abspülen, trocken tupfen, evtl. halbieren und die Stängelansätze herausschneiden.

9. Tomaten und Mozzarellastücke auf die Kartoffelscheiben oder -spalten in die Pfanne setzen. Den Deckel darauflegen.

10. Die Mozzarellapfanne noch etwa 3 Minuten auf der ausgeschalteten Kochstelle ziehen lassen. Nochmals mit Salz und Pfeffer abschmecken.

TIPP:

Wer es pikanter mag, statt Mozzarella 4 Scheiben kräftigen Ziegenkäse auf die Kartoffelscheiben oder -spalten setzen und erwärmen.

OBST-GETREIDE-SPEISE MIT MANDELMUS

Zubereitungszeit: 15 Minuten, ohne Einweichzeit
+ Vegan

ZUTATEN FÜR 2 PORTIONEN

ZUM VORBEREITEN:

100 g 4-Korn-Flocken, z. B. aus Hafer, Dinkel, Gerste und Roggen

FÜR DEN OBSTSALAT:

1 kleiner Apfel (etwa 100 g)
1 kleine Banane (etwa 150 g)
1 Kiwi
1 EL Rosinen (etwa 10 g)

FÜR DIE SAUCE:

100 ml naturtrüber Apfelsaft
2 EL Mandelmus
(aus dem Reformhaus oder Naturkostladen)
1 EL Agavendicksaft

PRO PORTION:

E: 12 g, F: 13 g, Kh: 66 g, kcal: 474

1. Am Vorabend des Frühstücks zum Vorbereiten die Getreideflocken in einer Schüssel mit kaltem Wasser bedecken und zugedeckt über Nacht im Kühlschrank einweichen.

2. Am nächsten Morgen die eingeweichten Getreideflocken in einem Sieb abtropfen lassen.

3. Für den Obstsalat den Apfel abspülen, abtrocknen, vierteln und entkernen. Die Apfelviertel mit der Schale zuerst in Spalten, dann quer in dünne Stücke schneiden. Banane schälen und in Scheiben schneiden. Kiwi schälen, zuerst in Scheiben, dann in Stücke schneiden.

4. Rosinen nach Belieben in einem Sieb mit kaltem Wasser abspülen und gut abtropfen lassen, evtl. mit Küchenpapier trocken tupfen.

5. Für die Sauce Apfelsaft mit Mandelmus und Agavendicksaft gut verrühren. Das vorbereitete Obst mit den Rosinen unter die Apfel-Mandel-Sauce mischen. Die Getreideflocken vorsichtig unterheben.

6. Die Obst-Getreide-Speise anrichten und servieren.

REZEPTABWANDLUNG 1:

Statt 4-Korn-Flocken können Sie die gleiche Menge Getreidesprossen (etwa aus Dinkel, Gerste, Roggen, Weizen) verwenden. Diese dann nur in einem Sieb mit kaltem Wasser abspülen und gut abtropfen lassen. Die nächtliche Einweichzeit entfällt dabei.

REZEPTABWANDLUNG 2:

Für die Sauce können Sie (statt Apfelsaft, Mandelmus und Agavendicksaft) 100 ml Orangensaft und 2 Esslöffel Honig verwenden. Mit 2 Esslöffeln Aprikosenmus bekommt die Sauce eine noch süßere Note.

REZEPTABWANDLUNG 3:

Wer das Müsli zum Frühstück weniger süßer mag, kann den Obstsalat statt mit 1 Esslöffel Rosinen auch mit 1 Esslöffel Cranberrys, Acia- oder Goji-Beeren verrühren.

OBSTKNÖDEL, GRATINIERT

- Zubereitungszeit: 70 Minuten, ohne Abkühl- und Ruhezeit
  Gratinierzeit: etwa 2 ½ Minuten

ZUTATEN FÜR 10 STÜCK

500 g mehligkochende Kartoffeln
Salz
250 g Weizenmehl
2 EL Hartweizengrieß (30 g)
1 Ei (Größe M)
5 entsteinte getrocknete Pflaumen
5 entsteinte getrocknete Aprikosen
80 g Butter
1 ½ EL Semmelbrösel
2 EL abgezogene, gem. Mandeln
1 EL Puderzucker
½ TL gem. Zimt

PRO STÜCK:

E: 6 g, F: 10 g, Kh: 34 g, kcal: 260

1. Die Kartoffeln unter fließendem kalten Wasser abbürsten, knapp mit Wasser bedeckt zugedeckt in einem Topf zum Kochen bringen. Salz hinzugeben. Kartoffeln in etwa 25 Minuten gar kochen. Dann Kartoffeln abgießen, mit kaltem Wasser abschrecken und abtropfen lassen.

2. Die gegarten Kartoffeln heiß pellen und anschließend durch eine Kartoffelpresse in eine Rührschüssel drücken. Die Kartoffelmasse etwa 15 Minuten abkühlen lassen.

3. Mehl mit Grieß, Ei und 1 Prise Salz zu der Kartoffelmasse geben und mit einem Mixer (Knethaken) zunächst kurz auf niedrigster, dann auf höchster Stufe gut durcharbeiten. Die Masse zu einem glatten Teig verkneten. Den Teig zugedeckt etwa 30 Minuten bei Zimmertemperatur ruhen lassen.

4. Die Knödelmasse auf der leicht bemehlten Arbeitsfläche zu einer Rolle (Ø etwa 8 cm) formen. Aus der Rolle 10 gleich große Scheiben schneiden. Die Scheiben mit 1 Pflaume oder 1 Aprikose belegen, mit leicht bemehlten Händen zu Kugeln formen.

5. In einem weiten Topf so viel Wasser zum Kochen bringen, dass die Knödel darin „schwimmen“ können, 1 Prise Salz hinzufügen. Die Knödel vorsichtig mit einem Esslöffel in das kochende Wasser gleiten lassen. Das Wasser wieder zum Kochen bringen. Die Knödel bei mittlerer Hitze im geöffneten Topf 10–12 Minuten leicht kochen lassen. Dabei gelegentlich vorsichtig umrühren. Wenn die Knödel an der Oberfläche schwimmen, sind sie gar.

6. Die Knödel mit einem Schaumlöffel aus dem Topf nehmen und in eine Auflaufform (gefettet) legen.

7. Inzwischen den Backofengrill vorheizen (etwa 240 °C). Butter in einer Pfanne zerlassen. Semmelbrösel und Mandeln darin unter Rühren goldbraun anrösten, dann auf den Knödeln verteilen. Puderzucker mit Zimt mischen. Die Knödel damit bestäuben.

8. Die Form auf dem Rost im oberen Drittel unter den vorgeheizten Backofengrill schieben. Die Obstknödel in **etwa 2 ½ Minuten goldgelb gratinieren.** Die gratinierten Obstknödel möglichst heiß servieren.

PALAK PANEER (SPINAT MIT WEICHKÄSE INDISCHER ART)

Zubereitungszeit: 45 Minuten
Zeit für die Käseherstellung: etwa 3 Stunden

ZUTATEN FÜR 4 PORTIONEN

FÜR DEN WEICHKÄSE:

2 l frische Milch (3,5 % Fett)
4–6 EL Zitronensaft
1 gestr. TL Salz

750 g Babyspinat oder Blattspinat
2 kleine Zwiebeln
2 Knoblauchzehen
20 g frischer Ingwer
etwa 2 EL Weizenmehl
8 EL Sonnenblumenöl oder Ghee (geklärte Butter)
1 EL Koriandersamen
1 TL gem. Kreuzkümmel (Cumin)
2 EL mildes Currypulver
150 g Schlagsahne

PRO PORTION:

E: 20 g, F: 47 g, Kh: 28 g, kcal: 621

1. Für den Weichkäse die Milch in einem Topf unter Rühren zum Kochen bringen. Den Topf von der Kochstelle nehmen. Zitronensaft und Salz in die Milch geben, dabei gelegentlich mit einem Kochlöffel umrühren, bis die Milch gerinnt und sich die Molke absetzt. Die Molke sollte leicht gelb-grünlich sein.

2. Einen Durchschlag oder ein stabiles Sieb mit einem Geschirrtuch auslegen und die geronnene Milch hineingießen. Das Tuch leicht zusammendrehen und dabei möglichst viel Flüssigkeit auspressen. Die geronnene Milch etwa 1 ½ Stunden gut abtropfen lassen.

3. Dann den Käse in dem Tuch auf einen großen Teller oder ein Backblech legen und etwa 2 cm hoch verteilen. Den Käse mit einem weiteren Geschirrtuch bedecken und ein Küchenbrett darauflegen. Dieses mit Gewichten (z. B. Konservendose) gleichmäßig beschweren. Den Käse weitere etwa 1 ½ Stunden stehen lassen.

4. Spinat verlesen und die dicken Stiele entfernen. Spinat gründlich waschen und in einem Sieb gut abtropfen lassen. Zwiebeln und Knoblauch abziehen, fein würfeln. Ingwer schälen und in kleine Würfel schneiden.

5. Den Käse (Paneer) in 3–4 cm große Stücke schneiden. Das Mehl auf einen Teller geben und die Paneerstücke darin wenden.

6. Vom Sonnenblumenöl oder Ghee etwa 6 Esslöffel in einer großen Pfanne erhitzen. Die Paneerstücke darin von allen Seiten goldbraun anbraten.

7. In der Zwischenzeit das restliche Öl oder das restliche Ghee in einem Wok oder in einem großen Topf erhitzen. Den Koriander darin leicht anrösten, Kreuzkümmel und Curry unterrühren, bis die Gewürze anfangen zu duften.

8. Zwiebel-, Knoblauch- und Ingwerwürfel hinzugeben und unter Rühren andünsten. Die Sahne hinzugießen und den Spinat untermischen. Den Spinat zugedeckt kurz zusammenfallen lassen und mit etwas Salz abschmecken. Dann den Spinat anrichten und den gebratenen Paneer darauf verteilen.

BEILAGE:

Naan (indisches Fladenbrot) oder Basmatireis.

PFIRSICHE MIT ROSENBLÜTENSIRUP UND HIMBEEREN

Zubereitungszeit: 30 Minuten
+ Vegan

ZUTATEN FÜR 4 PORTIONEN

4 Pfirsiche
250 ml Wasser
100 g Zucker
1 Vanilleschote
1 TL Rosenwasser
1 frische Rosenblüte (unbehandelt)
125 g Himbeeren
50 g Zucker

PRO PORTION:

E: 1 g, F: 0 g, Kh: 51 g, kcal: 218

1. Die Pfirsiche kurz in kochendes Wasser legen, dann sofort in kaltem Wasser abschrecken. Die Pfirsiche enthäuten, halbieren und entsteinen.

2. Wasser mit Zucker, der ausgekratzten Vanilleschote, dem Vanillemark und dem Rosenwasser in einem Topf aufkochen.

3. Die Rosenblüte vorsichtig abspülen und trocken tupfen. Die Blütenblätter von der Rose zupfen. Die Himbeeren verlesen.

4. Zucker in einer unbeschichteten Pfanne hell karamellisieren lassen. Die Pfirsichhälften darin schwenken und in 4 tiefen Tellern verteilen. Den Rosenblütensirup daraufgeben.

5. Die karamellisierten Pfirsiche mit den Himbeeren und Blütenblättern garnieren.

PFLAUMEN-BIRNEN-AUFSTRICH

◷ Zubereitungszeit: 25 Minuten
Haltbarkeit: gekühlt etwa 10 Tage
+ Vegan

ZUTATEN FÜR ETWA 450 G, 2 GLÄSER

150 g getrocknete Pflaumen
300 g reife Birnen
30 g Walnusskerne
150 ml Reisdrink, ungesüßt
1–2 EL Agavendicksaft
1–2 TL gem. Ingwer

INSGESAMT:

E: 10 g, F: 25 g, Kh: 142 g, kcal: 912

1. Pflaumen in kleine Würfel schneiden. Die Birnen schälen, abspülen, abtropfen lassen, entkernen und auf einer Haushaltsreibe raspeln. Walnusskerne hacken.

2. Reisdrink, Pflaumenwürfel und Birnenraspel in einem Topf verrühren und zum Kochen bringen. Die Zutaten zugedeckt bei schwacher Hitze etwa 10 Minuten unter gelegentlichem Rühren kochen lassen. Walnusskerne hinzugeben.

3. Die Fruchtmasse pürieren und nochmals kurz unter Rühren aufkochen. Mit Dicksaft und Ingwer würzen.

4. Den Aufstrich in 2 vorbereitete Gläser füllen. Die Gläser mit Twist-off-Deckeln® verschließen, abkühlen lassen und in den Kühlschrank stellen.

BEILAGE:

Vollkornbrot oder -toast oder Brötchen.

TIPP:

Der Aufstrich passt gut zu frischem Obst oder Soja-Joghurt.

POLENTAGRATIN

Zubereitungszeit: 40 Minuten
Überbackzeit: etwa 15 Minuten

ZUTATEN FÜR 4 PORTIONEN

FÜR DEN MAISBREI:

1 l Gemüsebrühe
1 gestr. TL Salz
250 g Polenta (Maisgrieß)
50 g Butter
60 g ger. Parmesan

FÜR DIE GEMÜSEMISCHUNG:

etwa 5 Stängel Basilikum
1 Zwiebel
400 g Champignons
2 EL Olivenöl
Salz
gem. Pfeffer
3 EL Schlagsahne
5 Tomaten (etwa 500 g)
100 g Rucola (Rauke)

100 g Pecorino, im Stück
1 EL Olivenöl

PRO PORTION:

E: 25 g, F: 37 g, Kh: 51 g, kcal: 645

1. Für den Maisbrei Brühe in einem großen Topf zum Kochen bringen. Salz hinzufügen. Den Maisgrieß unter Rühren einrieseln lassen und nach Packungsanleitung garen.

2. Butter und Parmesan unter den noch heißen Maisbrei rühren. Die Hälfte des Maisbreis in einer großen, flachen Auflaufform (gefettet) verteilen. Restlichen Maisbrei auf ein Stück Backpapier streichen, etwas abkühlen lassen.

3. Für die Gemüsemischung Basilikum abspülen, trocken tupfen und die Blättchen von den Stängeln zupfen. Einige Blättchen zum Garnieren beiseitelegen. Restliche Blättchen klein schneiden. Zwiebel abziehen und in kleine Würfel schneiden. Die Champignons putzen, evtl. kurz abspülen, trocken tupfen und in Scheiben schneiden.

4. Olivenöl in einer großen Pfanne erhitzen. Zwiebelwürfel darin andünsten. Champignonscheiben hinzugeben und unter Rühren anbraten. Mit Salz und Pfeffer würzen, Basilikum und Sahne unterrühren.

5. Tomaten kreuzweise einschneiden und mit kochendem Wasser übergießen. Nach 1–2 Minuten herausnehmen und mit kaltem Wasser abschrecken. Tomaten häuten, halbieren und die Stängelansätze herausschneiden. Tomaten in kleine Würfel schneiden.

6. Den Backofen vorheizen.
Ober-/Unterhitze: etwa 200 °C
Heißluft: etwa 180 °C

7. Rucola verlesen und die dicken Stängel entfernen. Rucola abspülen, abtropfen lassen und etwas kleiner schneiden. Tomatenwürfel mit Rucola und den Champignonscheiben vermischen, leicht mit Salz und Pfeffer würzen und in die Auflaufform auf den Maisbrei geben.

8. Pecorino reiben und etwa ein Drittel davon auf die Gemüsemischung streuen. Den Maisbrei von dem Backpapier nehmen, in Streifen schneiden und auf die Tomaten-Champignon-Mischung legen. Mit restlichem Pecorino bestreuen und mit Olivenöl beträufeln.

9. Die Form auf dem Rost in den vorgeheizten Backofen schieben. Das Gratin **etwa 15 Minuten überbacken**. Polentagratin in der Form mit beiseitegelegtem Basilikum garniert servieren.

POLENTASCHNITTEN MIT BLATTSALAT

● Zubereitungszeit: 40 Minuten, ohne Kühlzeit

ZUTATEN FÜR 4 PORTIONEN

1 rote Peperoni
500 ml Gemüsebrühe
450 ml Milch (3,5 % Fett)
2 EL mildes Currypulver
Salz
200 g Polenta (Maisgrieß)
7 Stängel Koriander
425 g gut abgetropfter Gemüsemais (aus der Dose)
7 EL Olivenöl

FÜR DAS DRESSING:

1 Knoblauchzehe
2 EL Dijon-Senf
4 EL Zitronensaft
200 g Schmand (Sauerrahm)
Cayennepfeffer

100 g Frisée-Salat
100 g Radicchio
200 g Romana-Salatherzen
40 g Parmesan, im Stück

PRO PORTION:

E: 19 g, F: 40 g, Kh: 63 g, kcal: 689

1. Die Peperoni gründlich abspülen, trocken tupfen, halbieren, entstielen, entkernen und fein zerschneiden. 450 ml Gemüsebrühe mit Milch, Curry, Peperoni und etwas Salz in einem Topf zum Kochen bringen.

2. 150 g Polenta langsam einrieseln lassen und dabei schnell mit dem Schneebesen unterrühren. Polenta zugedeckt bei schwacher Hitze etwa 20 Minuten ausquellen lassen, dabei ab und zu umrühren.

3. Koriander abspülen, trocken tupfen und die Blättchen von den Stängeln zupfen. Blättchen grob zerschneiden und mit dem Gemüsemais unter die gegarte Polenta rühren.

4. Eine eckige Auflaufform (etwa 20 x 35 cm) mit 1 Esslöffel Olivenöl ausstreichen, auch den Rand. Die Polentamasse etwa 2 cm hoch hineingeben, glatt streichen und vollständig erkalten lassen.

5. Die Polenta vorsichtig aus der Form lösen und mit einem scharfen Messer in etwa 20 Schnitten teilen.

6. Für das Dressing Knoblauch abziehen und durch eine Knoblauchpresse drücken. Knoblauch mit Senf, Zitronensaft, restlicher Gemüsebrühe, Schmand, Salz und Cayennepfeffer verrühren.

7. Die Salate putzen, abspülen und gut abtropfen lassen. Die Salatblätter in kleinere Stücke zupfen oder schneiden. Parmesan dünn hobeln.

8. Die Polentastücke dünn in dem restlichen Maisgrieß (Polenta) wenden. Je die Hälfte des restlichen Olivenöls in 2 großen Pfannen erhitzen. Die Polentaschnitten darin von allen Seiten bei starker Hitze goldbraun braten und herausnehmen.

9. Den vorbereiteten Salat mit dem Dressing mischen, mit den Polentaschnitten auf Tellern anrichten. Salat mit dem gehobelten Parmesan bestreuen.

PORRIDGE-VARIATIONEN

● Zubereitungszeit: 5 Minuten, ohne Quellzeit
+ Vegan

ZUTATEN FÜR 2 PORTIONEN

FÜR DAS MANDELDRINK-PORRIDGE (IM FOTO OBEN):

6 geh. EL kernige Haferflocken (30 g)
500 ml kaltes Wasser
2 Gewürznelken
2 Prisen Salz
1 EL Voll-Rohrzucker (10 g)
200 ml Mandeldrink

PRO PORTION:

E: 5 g, F: 5 g, Kh: 26 g, kcal: 178

1. Für das Mandeldrink-Porridge Haferflocken, Wasser, Gewürznelken und Salz in einem Topf unter Rühren zum Kochen bringen. Anschließend die Haferflocken zugedeckt etwa 10 Minuten bei schwacher Hitze quellen lassen, dabei gelegentlich umrühren.

2. Den Topf von der Kochstelle nehmen. Gewürznelken entfernen. Den Zucker unterrühren. Porridge z. B. in 2 Müslischalen füllen. Den Mandeldrink in dem ausgespülten Topf erwärmen und darübergießen. Porridge servieren.

TIPPS:

Das Porridge lässt sich auch gut vorbereiten und mitnehmen. Dafür am Vorabend das fertig zubereitete Porridge in ein Schraubglas geben, den erwärmten Mandeldrink darübergießen, Glas verschließen und am nächsten Morgen mit zur Arbeit nehmen. Wenn Früchte hinzugegeben werden sollen, diese getrennt transportieren und erst vor dem Servieren hinzugeben. Im Winter schmeckt Porridge auch gut mit Zimt oder Lebkuchengewürz.

REZEPTVARIANTE 1:

Für ein **Beeren-Porridge** (2 Portionen, im Foto unten) 6 gehäufte Esslöffel Haferflocken, 500 ml kaltes Wasser, 2 Gewürznelken und 2 Teelöffel Bourbon-Vanille-Zucker in einem Topf unter Rühren zum Kochen bringen. Die Haferflocken zugedeckt etwa 10 Minuten bei schwacher Hitze quellen lassen, dabei gelegentlich umrühren. Inzwischen 300 g gemischte Beeren (z. B. Erdbeeren, Brombeeren, Heidelbeeren) verlesen, entstielen, abspülen und mit Küchenpapier vorsichtig trocken tupfen. Den Topf von der Kochstelle nehmen. Gewürznelken aus dem Porridge entfernen. 2 Prisen Salz und 2–4 Teelöffel Voll-Rohrzucker unterrühren. Porridge z. B. in 2 Müslischalen füllen. 200 ml Mandeldrink in dem ausgespülten Topf erwärmen und darübergießen. Die Beeren hinzugeben.

REZEPTVARIANTE 2:

Für ein **Trockenfrüchte-Porridge** (2 Portionen, im Foto Mitte rechts) 6 gehäufte Esslöffel Hafer- oder Weizenflocken, 500 ml kaltes Wasser, ½ Stange Zimt, 2 Gewürznelken und 4–6 Pimentkörner in einem Topf bei schwacher Hitze unter Rühren zum Kochen bringen. 60 g entsteinte, getrocknete Pflaumen in kleine Stücke schneiden und mit 2 Teelöffeln Rosinen unterrühren. Die Zutaten unter Rühren wieder zum Kochen bringen und zugedeckt etwa 10 Minuten bei schwacher Hitze quellen lassen, dabei gelegentlich umrühren. Den Topf von der Kochstelle nehmen. Die Gewürze entfernen. 200 ml Mandeldrink unterrühren. Porridge nochmals kurz erhitzen und servieren.

QUESADILLAS MIT AVOCADOCREME

Zubereitungszeit: 45 Minuten
Bratzeit: etwa 6 Minuten je Fladen

ZUTATEN FÜR 4 PORTIONEN

500 g Avocado
3 EL Limettensaft
Salz
100 g Frühlingszwiebeln
½–1 grüne Chilischote
250 g Cheddar, im Stück
½ Bund Koriander
275 g abgetropfter Gemüsemais (aus der Dose)
50 g Crème fraîche
50 g Röstzwiebeln (Fertigprodukt)
1 TL Paprikapulver edelsüß
½ TL gem. Kreuzkümmel (Cumin)

8 Tortilla-Weizen-Fladen (ø etwa 20 cm)
8 EL Olivenöl

PRO PORTION:

E: 27 g, F: 77 g, Kh: 55 g, kcal: 1039

1. Die Avocados halbieren und jeweils den Stein entfernen. Das Fruchtfleisch aus den Schalen lösen und in einen hohen Rührbecher geben. Limettensaft sofort hinzugeben und untermischen. Avocado-Fruchtfleisch mit einem Pürierstab fein pürieren und mit Salz würzen.

2. Frühlingszwiebeln putzen, abspülen, abtropfen lassen und in sehr feine Scheiben schneiden. Chilischote halbieren, entstielen, entkernen, abspülen und trocken tupfen. Chilischote fein zerschneiden. Cheddar grob reiben. Koriander abspülen, trocken tupfen und die Blättchen von den Stängeln zupfen. Zwei Drittel der Korianderblättchen grob zerschneiden.

3. Frühlingszwiebelscheiben, Chili, geriebenen Cheddar, Gemüsemais und grob geschnittenen Koriander in eine Schüssel geben. Crème fraîche, Röstzwiebeln, Paprika, Kreuzkümmel und Salz gut untermischen.

4. Den Backofen vorheizen.
Ober-/Unterhitze: etwa 100 °C

5. Die Gemüse-Käse-Mischung auf 4 Tortillafladen verteilen. Die restlichen Tortillafladen daraufsetzen und fest andrücken.

6. Jeweils 2 Esslöffel Olivenöl in einer großen Pfanne erhitzen. Die gefüllten Tortillafladen darin nacheinander bei schwacher Hitze von jeder Seite etwa 3 Minuten goldbraun braten.

7. Die gebackenen Quesadillas im vorgeheizten Backofen warm halten.

8. Die restlichen Korianderblättchen klein schneiden. Die Quesadillas anrichten, mit Koriander bestreuen und mit der Avocadocreme servieren.

QUICHE LORRAINE MIT RÄUCHERTOFU

Zubereitungszeit: 40 Minuten, ohne Abkühlzeit
Backzeit: etwa 40 Minuten

ZUTATEN FÜR 12 STÜCK

FÜR DEN KNETTEIG:

250 g Weizen-Vollkornmehl
1 geh. Msp. Backpulver
125 g Margarine (zimmerwarm)
1 Ei (Größe M)
2 EL kaltes Wasser
1 Prise Salz

FÜR DEN BELAG:

175 g Räuchertofu (aus dem Kühlregal)
1 ½ EL Speiseöl
4 Eier (Größe M)
100 g ger. Gouda
200 g Schlagsahne
Salz, gem. Pfeffer
ger. Muskatnuss

ZUM GARNIEREN:

evtl. 2 EL Kräuterblättchen,
z. B. glatte Petersilie, Dill

PRO STÜCK:

E: 10 g, F: 21 g, Kh: 14 g, kcal: 286

1. Für den Teig Mehl mit Backpulver in einer Rührschüssel mischen. Restliche Zutaten für den Teig hinzufügen und mit dem Mixer (Knethaken) zunächst kurz auf niedrigster, dann auf höchster Stufe gut durcharbeiten. Anschließend auf einer leicht bemehlten Arbeitsfläche kurz zu einem Teig verkneten. Sollte er kleben, ihn in Frischhaltefolie gewickelt eine Zeit lang in den Kühlschrank legen.

2. Den Backofen vorheizen.
Ober-/Unterhitze: etwa 200 °C
Heißluft: etwa 180 °C

3. Zwei Drittel des Teiges auf einer leicht bemehlten Arbeitsfläche zu einer runden Platte (Ø etwa 26 cm) ausrollen. Teigplatte in eine Springform (Ø 26 cm, Boden und Rand gefettet) legen und andrücken.

4. Restlichen Teig zu 2 Rollen (je etwa 36 cm lang) formen, auf den Teigboden legen und so an den Formrand drücken, dass ein 2–2 ½ cm hoher Rand entsteht. Teigboden mit einer Gabel mehrmals einstechen.

5. Die Form auf dem Rost in den vorgeheizten Backofen schieben. Den Boden **etwa 15 Minuten vorbacken.**

6. In der Zwischenzeit für den Belag den Räuchertofu in kleine Würfel schneiden. Speiseöl in einer Pfanne erhitzen. Die Tofuwürfel darin bei starker Hitze von allen Seiten in etwa 5 Minuten braun anbraten. Tofuwürfel aus der Pfanne nehmen und auf einem Teller abkühlen lassen.

7. Eier in eine Schüssel geben, Käse, Sahne und die Tofuwürfel unterrühren. Alles kräftig mit etwa ½ Teelöffel Salz, Pfeffer und Muskat würzen.

8. Die Form auf einen Kuchenrost stellen. Den vorgebackenen Boden etwas abkühlen lassen. Dann die Tofu-Eier-Masse auf dem vorgebackenen Boden verstreichen. Die Form wieder auf dem Rost in den heißen Backofen schieben. Die Quiche **bei gleicher Backofentemperatur in weiteren etwa 25 Minuten fertig backen.**

9. Die Form auf einen Kuchenrost stellen. Die Quiche nach etwa 3 Minuten vorsichtig mit einem Messer aus der Form lösen und auf eine Tortenplatte legen. Die noch warme Quiche in 12 Stücke schneiden und nach Belieben mit abgespülten, trocken getupften Kräuterblättchen garniert servieren.

RATATOUILLE-PIZZA MIT KAPERNÄPFELN

Zubereitungszeit: 35 Minuten, ohne Teiggehzeit
Backzeit: 12–15 Minuten

ZUTATEN FÜR 4 PORTIONEN

FÜR DEN HEFETEIG:

250 g Weizenmehl
15 g frische Hefe
125 ml warmes Wasser
1 EL Zucker
Salz
2 EL Olivenöl

FÜR DEN BELAG:

2 rote Paprikaschoten
1 Zucchini
2 rote Zwiebeln
2 Knoblauchzehen
2 EL Olivenöl
1 Msp. Chilipulver
250 ml Tomatensaft
50 g abgetropfte Kapernäpfel
50 g schwarze Oliven
1 Bund Basilikum

PRO PORTION:

E: 11 g, F: 16 g, Kh: 63 g, kcal: 442

1. Für den Teig Mehl in eine Rührschüssel geben. In die Mitte eine Vertiefung drücken und die Hefe hineinbröckeln. 125 ml warmes Wasser, Zucker, 1 Prise Salz und das Olivenöl hinzufügen. Die Zutaten mit einem Mixer (Knethaken) zunächst kurz auf niedrigster, dann auf höchster Stufe in etwa 5 Minuten zu einem glatten Teig verarbeiten. Den Teig auf der bemehlten Arbeitsfläche nochmals kräftig durchkneten und zugedeckt an einem warmen Ort etwa 45 Minuten gehen lassen.

2. In der Zwischenzeit für den Belag die Paprikaschoten halbieren, entstielen, entkernen und die weißen Scheidewände entfernen. Schoten abspülen, abtropfen lassen und in etwa 1 cm große Würfel schneiden. Zucchini abspülen, abtrocknen und die Enden abschneiden. Zucchini ebenfalls in etwa 1 cm große Würfel schneiden. Die Zwiebeln abziehen und klein würfeln. Knoblauch abziehen und durch eine Knoblauchpresse drücken.

3. Olivenöl in einer Pfanne erhitzen. Das vorbereitete Gemüse darin unter Rühren andünsten. Mit Chili und Salz würzen. Tomatensaft hinzugießen und kräftig aufkochen lassen.

4. Den Backofen vorheizen.
Ober-/Unterhitze: etwa 240 °C
Heißluft: etwa 220 °C

5. Den gegangenen Teig auf der bemehlten Arbeitsfläche zu einem Rechteck (etwa 30 x 40 cm) ausrollen und auf ein Backblech (30 x 40 cm, gefettet) legen. Das Ratatouille-Gemüse darauf verteilen. Das Backblech in den vorgeheizten Backofen schieben. Die Pizza in **12–15 Minuten knusprig braun backen.**

6. Das Backblech auf einen Rost stellen. Die Pizza mit Kapernäpfeln und Oliven belegen. Basilikum abspülen und trocken tupfen. Die Blättchen von den Stängeln zupfen. Die Basilikumblättchen auf der Pizza verteilen.

REIS, GEBRATEN (FRIED RICE)

● Zubereitungszeit: 45 Minuten

ZUTATEN FÜR 4 PORTIONEN

225 g Vollkorn-Basmatireis
Salz
3 Knoblauchzehen
40 g frischer Ingwer
½–1 rote Chilischote
2 rote Zwiebeln
250 g Möhren
250 g Paksoi
(chinesischer Senfkohl)
150 g Mungobohnensprossen
150 g Ananas-Fruchtfleisch
2 Eier (Größe M)
1 TL mildes Currypulver
7 EL Speiseöl
2 EL brauner Rohrzucker
3 EL asiatische Pilzsauce,
z. B. Mushroom-Sojasauce
3 EL Sojasauce
fein abger. Schale von 1 Bio-Limette
(unbehandelt, ungewachst)

ZUM BESTREUEN:

8 Stängel Koriander

PRO PORTION:

E: 12 g, F: 23 g, Kh: 67 g, kcal: 524

1. Reis in kochendem Salzwasser nach Packungsanleitung garen. Den Reis in einem Sieb abtropfen lassen, in eine Schüssel geben und erkalten lassen. Den Reis mit einer Gabel auflockern.

2. Knoblauch abziehen. Den Ingwer schälen, beides in kleine Würfel schneiden. Chilischote abspülen, trocken tupfen und entstielen. Chilischote mit den Kernen klein schneiden.

3. Zwiebeln abziehen und in etwa 1 cm breite Spalten schneiden. Möhren putzen, schälen, abspülen, abtropfen lassen, in dünne Streifen schneiden.

4. Paksoi putzen, gründlich abspülen, abtropfen lassen, die Blätter abschneiden und grob zerzupfen. Die Stiele einmal längs durchschneiden. Sehr kleine Blätter längs halbieren.

5. Sprossen abspülen und gut abtropfen lassen. Ananas-Fruchtfleisch in etwa 1 cm breite Stücke schneiden. Die Eier mit etwas Salz und Curry verschlagen.

6. Das Speiseöl in einem großen Wok erhitzen. Möhrenstreifen, Zwiebelspalten, Chili, Ingwer- und Knoblauchwürfel darin etwa 2 Minuten unter Rühren anbraten. Reis hinzugeben und kurz mitbraten lassen.

7. Die Paksoi-Stiele und Sprossen untermischen und etwa ½ Minute mit anbraten. Dann alle Paksoi-Blätter und Ananasstücke mit Zucker, Pilzsauce, Sojasauce und Limettenschale unterrühren. Alle Zutaten an den Wokrand schieben.

8. Die verschlagenen Eier in die Mitte des Woks geben, stocken lassen und mit dem Pfannenwender grob zerteilen.

9. Koriander abspülen, trocken tupfen und die Blättchen von den Stängeln zupfen. Blättchen grob zerkleinern. Fried Rice auf vorgewärmten Tellern anrichten und mit Koriander bestreuen.

TIPPS:

Der Reis kann schon am Vortag gegart werden. Die Pilzsauce kann auch durch Sojasauce ausgetauscht werden.

REISPLÄTZCHEN MIT PILZ-TOMATEN-RAGOUT

Zubereitungszeit: 20 Minuten

ZUTATEN FÜR 2 PORTIONEN

4 TL Sonnenblumenöl
4 EL TK-Zwiebelwürfel oder
2 TL TK-Knoblauchwürfel
400 g rosé Champignons
150 g Cocktailtomaten
Salz, gem. Pfeffer
2 Eiweiß
2 TL Speisestärke
200 g fertig gegarter Reis (vom Vortag)
½ TL gerebelter Thymian
100 g saure Sahne
2 EL Schnittlauchröllchen (frisch oder TK)

PRO PORTION:

E: 17 g, F: 14 g, Kh: 38 g, kcal: 338

1. Zwei Teelöffel Öl in einer Pfanne erhitzen. Zwiebel- oder Knoblauchwürfel darin andünsten.

2. Champignons putzen, evtl. kurz abspülen, trocken tupfen und nach Belieben in Scheiben schneiden. Tomaten abspülen, abtrocknen, halbieren und die Stängelansätze herausschneiden.

3. Die Champignons zu den Zwiebel- oder Knoblauchwürfeln in die Pfanne geben, bei starker Hitze unter Rühren etwa 3 Minuten braten. Die Pilz-Mischung mit Salz und Pfeffer würzen. Tomatenhälften hinzugeben und kurz durchschwenken.

4. In der Zwischenzeit Eiweiß mit Salz in einem tiefen Teller schaumig aufschlagen. Die Speisestärke unterschlagen. Den gegarten Reis untermischen, mit Thymian, Salz und Pfeffer würzen.

5. Das restliche Sonnenblumenöl in einer beschichteten Pfanne erhitzen. Die Reismischung in etwa 8 gleich großen Portionen in die Pfanne geben. Die Portionen jeweils mit einem Löffel leicht verstreichen. Die Reisplätzchen bei mittlerer Hitze von beiden Seiten knusprig und zartbraun braten.

6. Die Pfanne mit dem Champignon-Tomaten-Ragout von der Kochstelle nehmen. Saure Sahne unterrühren, nochmals mit Salz und Pfeffer abschmecken.

7. Die Reisplätzchen mit dem Pilz-Tomaten-Ragout anrichten. Pilz-Tomaten-Ragout mit abgespülten, trocken getupften Schnittlauchröllchen bestreuen.

TIPPS:

Die knusprigen Reisplätzchen schmecken ohne Thymian und Pfeffer gewürzt gut zu Kompott oder Obstsalat. Verwenden Sie für die Reisplätzchen am besten Vollkorn- oder Langkornreis. Beim Kauf von Langkornreis sollten Sie darauf achten, parboiled Reis zu kaufen. Dieser wird so schonend verarbeitet, dass ein Großteil der Vitamine und Mineralstoffe erhalten bleibt.

RICOTTA MIT PIMIENTOS DE PADRON

Zubereitungszeit: 25 Minuten
Garzeit: etwa 10 Minuten

ZUTATEN FÜR 4 PORTIONEN

50 g geröstete und gesalzene Pistazienkerne
75 g Parmesan, im Stück
15 Basilikumblättchen
1 TL fein abger. Schale von 1 Bio-Orange (unbehandelt, ungewachst)
300 g Ricotta (ital. Frischkäse)
Salz, gem. schwarzer Pfeffer
300 g Pimientos de Padron (Bratpeperoni)
3 EL Olivenöl
8 Salbeiblättchen
grobes Meersalz
evtl. etwas Olivenöl

PRO PORTION:

E: 15 g, F: 30 g, Kh: 7 g, kcal: 357

1. Pistazienkerne aus der Schale lösen und grob hacken. Parmesan fein reiben. Basilikumblättchen abspülen, trocken tupfen und nicht zu fein schneiden. Pistazienkerne, Parmesan, Orangenschale, Basilikum und Ricotta in einer Schüssel zu einer glatten Masse verrühren. Mit Salz und grob gemahlenem Pfeffer würzen.

2. Die Pimientos abspülen und gut abtropfen lassen. Olivenöl in einer großen Pfanne erhitzen. Die Pimientos darin etwa 10 Minuten bei mittlerer Hitze von allen Seiten braten, bis sie zusammengefallen und leicht olivfarben geworden sind.

3. Die Salbeiblättchen abspülen, trocken tupfen und etwa 3 Minuten vor Garzeitende hinzugeben. Pimientos mit grobem Meersalz würzen.

4. Ricotta mit den Pimientos anrichten und nach Belieben mit gutem Olivenöl beträufeln.

BEILAGE:

Geröstetes Ciabatta.

RIGATONI MIT ERBSENPESTO

Zubereitungszeit: 45 Minuten
Garzeit: etwa 3 Minuten

ZUTATEN FÜR 4 PORTIONEN

FÜR DAS PESTO:

75 g Pinienkerne
2 Knoblauchzehen
450 g TK-Erbsen
Salz
6 Stängel Basilikum
6 EL Olivenöl
gem. Pfeffer
50 g getrocknete Tomaten
100 ml Wasser
40 g Rucola (Rauke)

400 g Rigatoni-Nudeln

ZUSÄTZLICH:

40 g grob ger. Parmesan

PRO PORTION:

E: 30 g, F: 29 g, Kh: 90 g, kcal: 776

1. Für das Pesto die Pinienkerne in einer Pfanne ohne Fett unter Wenden goldbraun rösten. Den Knoblauch abziehen, durch eine Knoblauchpresse drücken und unter die Pinienkerne rühren. Pinienkerne herausnehmen und auf einem Teller erkalten lassen.

2. Die gefrorenen Erbsen in kochendem Salzwasser nach Packungsanleitung etwa 3 Minuten bei starker Hitze kochen lassen. Anschließend die Erbsen in ein Sieb geben, mit kaltem Wasser abschrecken und gut abtropfen lassen.

3. Basilikum abspülen und trocken tupfen. Von 4 Stängeln die Blättchen abzupfen. Restliche Basilikumstängel beiseitelegen.

4. Erbsen portionsweise mit den Basilikumblättchen, vorbereiteten Pinienkernen, Olivenöl, etwa ½ Teelöffel Salz und Pfeffer mit einem Blitzhacker oder Pürierstab fein zerkleinern. Pesto evtl. noch einmal mit Salz und Pfeffer abschmecken.

5. Getrocknete Tomaten in kleine Stücke schneiden. Tomatenstücke in einem kleinen Topf mit 100 ml Wasser zum Kochen bringen und bei mittlerer Hitze ohne Deckel in etwa 5 Minuten einkochen lassen, bis die Tomatenstückchen weich sind und fast keine Flüssigkeit mehr vorhanden ist. Topf von der Kochstelle nehmen.

6. Rucola verlesen und die dicken Stiele entfernen. Rucola abspülen, gut abtropfen lassen oder trocken schleudern und evtl. etwas kleiner zupfen.

7. Die Rigatoni in kochendem Salzwasser nach Packungsanleitung bissfest garen. Die gegarten Nudeln in ein Sieb geben, mit heißem Wasser abspülen und abtropfen lassen.

8. In der Zwischenzeit von den beiseitegelegten Basilikumstängeln die Blättchen abzupfen. Blättchen grob zerschneiden.

9. Die Nudeln mit dem Erbsenpesto und den Tomatenstücken in einer großen Schüssel mischen und sofort in vorgewärmten Tellern anrichten. Mit Basilikum, Rucola und Parmesan bestreut sofort servieren.

TIPPS:

Für vegane Rigatoni mit Erbsenpesto den Parmesan einfach weglassen. Dann darauf achten, dass die Nudeln aus 100 Prozent Hartweizengrieß und ohne Ei hergestellt wurden. Wer mag, streut noch 25 g geröstete Pinienkerne darüber.

RISOTTO MIT SHIITAKEPILZEN

Zubereitungszeit: 20 Minuten
Garzeit: etwa 30 Minuten

ZUTATEN FÜR 4 PORTIONEN

2 kleine Zwiebeln (etwa 100 g)
2 EL Sonnenblumenöl
300 g Rundkornreis (Risotto-Reis)
etwa 750 ml heiße Gemüsebrühe
1 Bund glatte Petersilie
200 g Shiitakepilze
1 EL Butter
100 g ger. Parmesan
Salz
gem. Pfeffer

PRO PORTION:

E: 15 g, F: 18 g, Kh: 66 g, kcal: 481

1. Zwiebeln abziehen und in kleine Würfel schneiden. Sonnenblumenöl in einem Topf erhitzen. Die Zwiebelwürfel darin andünsten. Den Reis hinzufügen und etwa 5 Minuten unter Rühren glasig dünsten.

2. Etwa 200 ml von der Brühe hinzugießen und zum Kochen bringen. Den Reis unter gelegentlichem Rühren bei schwacher Hitze zugedeckt etwa 20 Minuten quellen lassen, dabei nach und nach die restliche Brühe hinzugießen.

3. In der Zwischenzeit Petersilie abspülen, trocken tupfen und die Blättchen von den Stängeln zupfen. Einige Blättchen zum Garnieren beiseitelegen. Restliche Blättchen klein schneiden.

4. Die Shiitakepilze putzen, evtl. kurz abspülen und gut trocken tupfen. Die Pilze evtl. je nach Größe kleiner schneiden.

5. Die Pilze mit der Petersilie und der Butter zum Reis geben und untermischen. Den Reis in weiteren etwa 10 Minuten fertig garen.

6. Die Hälfte des Parmesans unter den Risotto rühren. Den Risotto mit Salz und Pfeffer abschmecken, mit dem restlichen Parmesan bestreuen und servieren.

TIPPS:

Bei der Risotto-Zubereitung ist es wichtig, dass immer nur so viel Brühe hinzugegossen wird (siehe Punkt 2), dass der Reis gerade mit Brühe bedeckt ist. Den Reis so lange quellen lassen, bis er weich und gar ist. Arborio ist ein spezieller Risotto-Reis mit einer Garzeit von etwa 20 Minuten. Risotto-Reis gibt beim Garen Stärke ab, macht das Gericht sämig und ist deshalb ideal für diese Art der Zubereitung.

ROGGEN-BURGER MIT SÜSSKARTOFFEL-STICKS

Zubereitungszeit: 40 Minuten
Röstzeit: 22–25 Minuten

ZUTATEN FÜR 4 PORTIONEN

FÜR DIE SÜSSKARTOFFEL-STICKS:

800 g Süßkartoffeln
4 EL Olivenöl
½ TL Cayennepfeffer
je 1 TL fein abger. Schale von 1 Bio-Limette und -Zitrone (unbehandelt, ungewachst)
½ gestr. TL Salz

FÜR DEN BURGER:

4 Stängel Dill
200 g Sahnejoghurt (10 % Fett)
Salz
gem. Pfeffer
4 kleine Blätter Radicchio
¼ Salatgurke (etwa 80 g)
30 g gemischte Sprossen
250 g Halloumi-Käse (natur)
3 EL Speiseöl
4 Eier (Größe M)
4 Roggen-Toastbrötchen (je etwa 65 g)

PRO PORTION:

E: 29 g, F: 45 g, Kh: 70 g, kcal: 822

1. Den Backofen vorheizen.
Ober-/Unterhitze: etwa 200 °C
Heißluft: etwa 180 °C

2. Für die Süßkartoffel-Sticks die Süßkartoffeln schälen, abspülen und abtropfen lassen. Süßkartoffeln zuerst der Länge nach in etwa ½ cm dünne Scheiben schneiden, dann die Scheiben längs in etwa ½ cm dünne Stifte schneiden. Olivenöl mit Cayennepfeffer in einer großen Schüssel verrühren. Süßkartoffelstifte hinzugeben, gut untermischen und auf einem Backblech (mit Backpapier belegt) gleichmäßig verteilen.

3. Das Backblech in den vorgeheizten Backofen (unteres Drittel) schieben. Die Kartoffelstifte **22–25 Minuten rösten,** dabei nach etwa 15 Minuten einmal mit dem Pfannenwender wenden.

4. Das Backblech auf einen Rost stellen. Die Süßkartoffel-Sticks in eine große Schüssel geben. Die Zitronen- und Limettenschalen mit Salz mischen, hinzugeben und alles gut vermischen. Die Süßkartoffel-Sticks evtl. bis zum Servieren warm halten.

5. In der Zwischenzeit für den Burger Dill abspülen, trocken tupfen und die Spitzen von den Stängeln zupfen, Spitzen klein schneiden. Joghurt mit Dill in einer Schüssel verrühren. Dilljoghurt mit Salz und Pfeffer würzen. Die Radicchioblätter abspülen und trocken tupfen. Salatgurke putzen, abspülen und abtropfen lassen. Gurke evtl. schälen und in dünne Scheiben schneiden. Die Sprossen verlesen, in ein Sieb geben, mit heißem Wasser abspülen und gut abtropfen lassen. Vorbereitete Zutaten beiseitestellen.

6. Halloumi in 4 Scheiben schneiden und evtl. mit Küchenpapier trocken tupfen. Etwa 2 Esslöffel Speiseöl in einer Pfanne erhitzen. Die Käsescheiben darin bei starker Hitze von beiden Seiten braun anbraten (je Seite etwa 3 Minuten). Käsescheiben auf Küchenpapier abtropfen lassen.

7. Restliches Speiseöl zum verbliebenen Bratfett in die Pfanne geben und erhitzen. Die Eier vorsichtig einzeln in einer Tasse aufschlagen und nach und nach nebeneinander in die Pfanne gleiten lassen. Die Eier etwa 5 Minuten bei mittlerer Hitze braten. Eier mit etwas Salz und Pfeffer würzen.

8. In der Zwischenzeit die Brötchen waagerecht durchschneiden und nach Packungsanleitung toasten.

9. Alle 8 Brötchenhälften mit beiseitegestelltem Dilljoghurt bestreichen. Auf die unteren 4 Brötchenhälften portionsweise die Radicchioblätter, Halloumischeiben, Gurkenscheiben, Sprossen und Spiegeleier legen. Die oberen Brötchenhälften darauflegen und leicht andrücken. Die Burger mit den Süßkartoffel-Sticks servieren.

ROSENKOHLCREMESUPPE MIT BREZELCHIPS

Zubereitungszeit: 45 Minuten
Garzeit: etwa 10 Minuten

ZUTATEN FÜR 4 PORTIONEN

500 g Rosenkohl
250 ml Salzwasser
1 Laugenbrezel
30 g Butter
500 ml Gemüsebrühe
1 Eigelb (Größe M)
1 EL Crème fraîche
Salz, Zucker
Cayennepfeffer
ger. Muskatnuss
1 EL klein geschnittene Petersilie

PRO PORTION:

E: 8 g, F: 11 g, Kh: 16 g, kcal: 208

1. Rosenkohl von den schlechten Blättern befreien und etwas vom Strunk abschneiden. Rosenkohlröschen am Strunk kreuzförmig einschneiden, abspülen, abtropfen lassen und in kochendem Salzwasser etwa 10 Minuten garen.

2. In der Zwischenzeit Brezel in Scheiben schneiden. Die Butter in einer Pfanne zerlassen, die Brezelscheiben darin unter Wenden goldbraun rösten, herausnehmen und auf einen Teller legen.

3. Kurz vor Ende der Garzeit der Rosenkohlröschen etwa 10 Röschen mit einem Schaumlöffel aus dem Topf nehmen und beiseitelegen. Die restlichen Rosenkohlröschen in dem Kochsud pürieren.

4. Die Brühe hinzugießen und zum Kochen bringen. Eigelb und Crème fraîche mit 3 Esslöffeln der Suppe verrühren, dann unter die restliche Suppe schlagen und erhitzen (nicht mehr kochen lassen).

5. Die Suppe mit Salz, 1 Prise Zucker, Cayennepfeffer und Muskat würzen. Beiseitegelegten Rosenkohl jeweils vierteln oder in Blätter zerteilen und in die Suppe geben. Die Suppe in Tellern anrichten, mit Petersilie und evtl. etwas Cayennepfeffer bestreuen. Nach Belieben einige Brezelchips in die Suppe geben und servieren. Restliche Brezelchips dazureichen.

RÖSTI MIT PFEFFERBIRNE, KÄSE UND FELDSALAT

Zubereitungszeit: 50 Minuten

ZUTATEN FÜR 4 PORTIONEN

40 g Walnusskerne
160 g Feldsalat
4 EL Rotweinessig
2 EL Walnussöl
14 EL Sonnenblumenöl (140 ml)
8 EL Gemüsebrühe
Salz
gem. schwarzer Pfeffer
1 TL Zucker
600 g festkochende Kartoffeln
ger. Muskatnuss
2 reife Williams-Christ-Birnen (je etwa 200 g)
20 g Butter
2 EL flüssiger Honig
200 g Blauschimmel-Käse

PRO PORTION:

E: 15 g, F: 67 g, Kh: 36 g, kcal: 826

1. Die Walnusskerne grob hacken und in einer Pfanne ohne Fett unter Wenden goldbraun rösten.

2. Feldsalat putzen, abspülen und trocken tupfen oder -schleudern. Essig mit Walnussöl, 2 Esslöffeln Sonnenblumenöl, Gemüsebrühe, Salz, Pfeffer und Zucker verrühren.

3. Den Backofen vorheizen.
Ober-/Unterhitze: etwa 80 °C

4. Kartoffeln schälen, abspülen, abtropfen lassen und in feine Streifen schneiden oder hobeln. Die Kartoffeln mit Salz und Muskat würzen.

5. Aus der Kartoffelmasse 4 Rösti backen. Für jede Rösti 2 Esslöffel Sonnenblumenöl in einer Pfanne (Ø 20 cm) erhitzen. Ein Viertel der Kartoffelmasse in der Pfanne verteilen. Den Rand mit einem Esslöffel nachformen.

6. Die Rösti von jeder Seite bei mittlerer Hitze goldbraun und knusprig braten. Dabei nach dem Wenden nochmals 1 Esslöffel Sonnenblumenöl hinzugeben.

7. Die fertigen Rösti auf ein Backblech (mit Backpapier gelegt) legen. Das Backblech in den vorgeheizten Backofen schieben, die Rösti warm halten.

8. Die Birnen schälen, längs halbieren, Kerngehäuse entfernen.

9. Butter in einer Pfanne zerlassen. Die Birnenhälften darin bei mittlerer Hitze von allen Seiten leicht braun anbraten und mit reichlich grob gemahlenem Pfeffer würzen. Den Honig hinzugeben, Birnenhälften kurz glasieren.

10. In der Zwischenzeit Feldsalat mit der Vinaigrette vermischen.

11. Die Rösti auf vorgewärmten Tellern anrichten. Den Käse in 8 dünne Scheiben schneiden und mit den warmen Birnenhälften darauf verteilen.

12. Den Feldsalat mit Walnusskernen bestreuen und dazu servieren.

ROTE BETE MIT GRÜNEN LINSEN UND SCHAFSKÄSE

Zubereitungszeit: 25 Minuten
Garzeit: etwa 25 Minuten

ZUTATEN FÜR 2 PORTIONEN

ZUM VORBEREITEN:

100 g grüne Linsen

500 g gegarte Rote Bete (vakuumverpackt, aus dem Kühlregal)
1 kleine Möhre (etwa 60 g)
60 g Staudensellerie
1 rote Zwiebel
1 Knoblauchzehe
1 rote Chilischote
1 EL Olivenöl
Salz
gem. Pfeffer
2 EL Crème fraîche
2 EL Schnittlauchröllchen
60 g Schafskäse
100 ml Gemüsebrühe

PRO PORTION:

E: 22 g, F: 38 g, Kh: 51 g, kcal: 640

1. Zum Vorbereiten Linsen nach Packungsanleitung zubereiten. Linsen in einem Sieb abtropfen und abkühlen lassen.

2. Von den Rote-Bete-Kugeln die Kappen abschneiden und die Böden evtl. gerade schneiden. Die Rote-Bete-Kugeln so mit einem Ausstecher aushöhlen, dass ein Rand stehen bleibt. Das ausgehöhlte Fruchtfleisch grob hacken.

3. Möhre putzen, schälen, abspülen, abtropfen lassen und sehr klein würfeln. Staudensellerie putzen, abspülen, abtropfen lassen und klein würfeln. Zwiebel und Knoblauch abziehen, ebenfalls in kleine Würfel schneiden. Chilischote abspülen, abtropfen lassen und entstielen. Schote in feine Ringe schneiden.

4. Den Backofen vorheizen.
Ober-/Unterhitze: etwa 200 °C
Heißluft: etwa 180 °C

5. Olivenöl in einem Topf erhitzen. Möhren-, Sellerie-, Zwiebel-, Knoblauchwürfel und Chiliringe darin unter Rühren andünsten. Die vorbereiteten Linsen hinzugeben. Mit Salz und Pfeffer würzen. Crème fraîche, Rote-Bete-Fruchtfleisch und die Schnittlauchröllchen unterrühren.

6. Die Linsen-Gemüse-Masse in den ausgehöhlten Rote-Bete-Kugeln verteilen und in eine ofenfeste Form (gefettet) setzen. Schafskäse zerbröseln und daraufstreuen. Die Gemüsebrühe hinzugießen.

7. Die Form auf dem Rost in den vorgeheizten Backofen schieben. Die gefüllte Rote Bete **etwa 25 Minuten garen.**

ROTE-BETE-APFELGRATIN

Zubereitungszeit: 15 Minuten
Überbackzeit: etwa 15 Minuten

ZUTATEN FÜR 4 PORTIONEN

800 g gegarte Rote Bete (vakuumverpackt)
2 Äpfel, z. B. Boskop (etwa 500 g)
Salz, gem. Pfeffer
250 g Crème fraîche
2 geh. EL scharf-würziger Meerrettich (aus dem Glas)
Saft von ½ Zitrone, 80 g Butter
100 g gehobelte Haselnusskerne
100 g Panko (asiatische Semmelbrösel)
2 EL klein geschnittene Petersilie

PRO PORTION:

E: 13 g, F: 53 g, Kh: 53 g, kcal: 757

1. Den Backofen vorheizen.
Ober-/Unterhitze: etwa 220 °C
Heißluft: etwa 200 °C

2. Die Rote Bete in Spalten schneiden. Die Äpfel schälen, vierteln und entkernen. Apfelviertel ebenfalls in Spalten schneiden. Rote Bete und Apfelspalten in einer Schüssel vermischen. Mit Salz und Pfeffer würzen.

3. Crème fraîche mit Meerrettich und Zitronensaft verrühren, mit der Roten Bete und den Apfelspalten vermischen und in einer Auflaufform (gefettet) verteilen.

4. Die Butter zerlassen, Haselnusskerne, Panko und Petersilie untermischen. Mit Salz und Pfeffer würzen und auf der Rote-Bete-Apfel-Mischung verteilen.

5. Die Form auf dem Rost in den vorgeheizten Backofen schieben. Rote-Bete-Apfelgratin **etwa 15 Minuten überbacken.**

TIPPS:

Panko sind asiatische Semmelbrösel aus krustenlosem Weißbrot. Diese sind heller und luftiger. Panko bekommen Sie im Asialaden. Sie können stattdessen aber auch handelsübliche Semmelbrösel verwenden. Wenn Sie Butter und Crème fraîche durch vegane Produkte ersetzen, eignet sich das Gratin auch für Veganer.

RUCOLA-NUSS-AUFSTRICH

Zubereitungszeit: 10 Minuten
Haltbarkeit: im Kühlschrank 2–3 Tage

ZUTATEN FÜR ETWA 375 G

125 g Rucola (Rauke)
2 EL Olivenöl
200 g Doppelrahm-Frischkäse
Salz
gem. Pfeffer
1 Prise Zucker
1 EL geröstete, gehackte Walnusskerne
1 EL ger. Parmesan
1–2 EL abgetropfte schwarze Oliven, mit Stein (aus dem Glas)

INSGESAMT:

E: 31 g, F: 106 g, Kh: 12 g, kcal: 1113

1. Rucola verlesen und die dicken Stiele abschneiden. Rucola abspülen, gut abtropfen lassen oder trocken schleudern und etwas kleiner zupfen.

2. Rucola mit Olivenöl in einem Mixer oder Universalzerkleinerer zu einer Paste verarbeiten. Die Paste mit Frischkäse verrühren, mit Salz, Pfeffer und Zucker abschmecken. Walnusskerne und Parmesan unterrühren.

3. Oliven entsteinen, grob zerschneiden und unterrühren. Den Aufstrich in ein verschließbares Gefäß füllen und in den Kühlschrank stellen.

BEILAGE:

Mehrkorn- oder Roggenmischbrot, Stangenweißbrot oder Bagels.

TIPP:

Die Brotscheiben in einer Pfanne in erhitztem Olivenöl von beiden Seiten anrösten und mit einer abgezogenen Knoblauchzehe einreiben.

RUCOLASUPPE MIT MÖHRENNOCKEN

Zubereitungszeit: 40 Minuten, ohne Abkühlzeit
Garzeit: etwa 20 Minuten

ZUTATEN FÜR 4 PORTIONEN

FÜR DIE MÖHRENNOCKEN:

300 g Möhren
1 EL Butter, 1 TL Zucker
Salz, 1–2 EL Wasser
1 Eigelb (Größe M)
1 EL Magerquark
1 EL fein geschnittene Petersilie
2–3 EL Vollkorn-Semmelbrösel

1 l Gemüsebrühe

FÜR DIE RUCOLASUPPE:

125–150 g Rucola (Rauke)
40 g Butter
1 Zwiebel
25 g Weizenmehl
250 ml Milch (1,5 % Fett)
gem. Pfeffer

PRO PORTION:

E: 7 g, F: 16 g, Kh: 20 g, kcal: 254

1. Für die Nocken Möhren putzen, schälen, abspülen, abtropfen lassen und in Scheiben schneiden. Möhren mit Butter, Zucker, Salz und Wasser in einem Topf zum Kochen bringen. Die Möhrenscheiben zugedeckt in etwa 10 Minuten weich garen, durch ein Sieb streichen oder pürieren und etwas abkühlen lassen.

2. Die Möhrenmasse mit Eigelb, Quark und Petersilie mischen. Von den Semmelbröseln so viel untermischen, dass sich gut Nocken abstechen lassen. Die Masse mit Salz abschmecken.

3. Die Gemüsebrühe in einem Topf kurz aufkochen. Von der Möhrenmasse mit 2 Teelöffeln Nocken abstechen und diese evtl. portionsweise in die heiße, nicht mehr kochende Brühe geben. Die Klößchen in etwa 5 Minuten gar ziehen lassen. Die Möhrenklößchen mit einer Schaumkelle aus der Brühe nehmen und beiseitelegen. Die Brühe durch ein Sieb gießen. Dabei die Brühe auffangen, 500 ml davon abmessen und für die Suppe beiseitestellen.

4. Für die Suppe Rucola verlesen, evtl. dicke Stiele abschneiden, abspülen, abtropfen lassen und etwas Rucola zum Garnieren beiseitelegen. Restlichen Rucola evtl. etwas kleiner zupfen oder schneiden. Butter in einem Topf zerlassen. Zwiebel abziehen, in kleine Würfel schneiden und in der Butter andünsten. Mit Mehl bestäuben und unter Rühren so lange darin erhitzen, bis es hellgelb ist. Milch hinzugießen, mit einem Schneebesen gut durchrühren, dabei darauf achten, dass keine Klümpchen entstehen.

5. Die beiseitegestellte Brühe unterrühren und zum Kochen bringen. Die Suppe etwa 5 Minuten kochen lassen, dabei gelegentlich umrühren. Die Suppe mit Salz und Pfeffer abschmecken. Rucola in die Suppe geben und pürieren. Die Möhrennocken hinzugeben und vorsichtig kurz darin erwärmen. Die Suppe mit dem beiseitegelegten Rucola garniert servieren.

SALAT-BOWL MIT SESAM-ORANGEN-DRESSING

Zubereitungszeit: 50 Minuten, ohne Abkühlzeit
+ Vegan

ZUTATEN FÜR 4 PORTIONEN

FÜR DIE SAUCE:

6 EL Olivenöl
1 EL ungeschälte Sesamsamen (etwa 15 g)
etwa 125 ml Orangensaft
1 ½ EL Zitronensaft
1 TL Agavendicksaft
½ gestr. TL mittelscharfer Senf
Salz, gem. Pfeffer

FÜR DEN SALAT:

etwa 400 g Blattsalate, z. B. 1 kleiner Kopf Radicchio, je ⅓ Kopf Lollo Bianco und Kopfsalat
etwa 75 g Feldsalat
50 g Rucola (Rauke)

PRO PORTION:

E: 3 g, F: 17 g, Kh: 7 g, kcal: 204

1. Für die Sauce 2 Esslöffel Olivenöl in einer Pfanne erhitzen. Sesam hinzufügen und unter gelegentlichem Rühren leicht bräunen. Dann die Pfanne von der Kochstelle nehmen und Sesam etwa 5 Minuten abkühlen lassen.

2. Dann 80 ml Orangensaft hinzugießen, zum Kochen bringen und mit halb aufgelegtem Deckel etwa 5 Minuten einkochen lassen. Die Pfanne von der Kochstelle nehmen und das Sesam-Orangensaft-Gemisch abkühlen lassen.

3. Die Salate putzen, abspülen, trocken schleudern und in Stücke zerpflücken. Vom Feldsalat die Wurzelenden so abschneiden, dass die Blattrosetten noch zusammenhalten. Schlechte Blätter entfernen, den Salat gründlich waschen und trocken schleudern. Rucola verlesen und dicke Stiele abschneiden. Rucola abspülen, gut abtropfen lassen oder trocken schleudern und evtl. etwas kleiner zupfen.

4. Für die Sauce Zitronensaft mit Agavendicksaft und Senf in einer Schüssel verrühren. Das restliche Olivenöl unterschlagen, mit Salz und Pfeffer würzen. Abgekühltes Sesam-Orangensaft-Gemisch unterrühren. Die Sauce mit restlichem Orangensaft und den Gewürzen abschmecken.

5. Die Blattsalate mit der Salatsauce in einer großen Schüssel mischen und portionsweise in kleine Schüsseln/Bowls füllen.

TIPPS:

Die Salatsauce eignet sich auch für den Vorrat. Dafür die doppelte Menge zubereiten (siehe Punkt 1 und 2) und die Hälfte von dem Sesam-Orangensaft-Gemisch in einem gesäuberten Schraubglas bis zu 5 Tagen in den Kühlschrank stellen. Restliche Zutaten (siehe Punkt 4) später hinzufügen. Agavendicksaft ist ein beliebtes Süßungsmittel in der veganen Küche. Soll das Rezept nicht vegan sein, eignet sich alternativ auch Honig. Einzelne Senfsorten können auch Spuren von Milch enthalten. Im Bioladen findet man Senf, der als vegan gekennzeichnet ist.

SCHWARZWURZELN MIT ROSENKOHL UND SESAM

Zubereitungszeit: 45 Minuten
Garzeit: etwa 10 Minuten
+ Vegan

ZUTATEN FÜR 4 PORTIONEN

2 Bio-Zitronen (unbehandelt, ungewachst)
1 l kaltes Wasser
600 g Schwarzwurzeln
300 g Rosenkohl
2 EL Olivenöl
Salz
gem. schwarzer Pfeffer
1 große Tomate
2 EL geröstete Sesamsamen
1 EL schwarzer Sesamsamen (erhältlich im Asialaden)

PRO PORTION:

E: 6 g, F: 12 g, Kh: 5 g, kcal: 152

1. Die Zitronen heiß abwaschen, abtrocknen und die Schale abreiben. Zitronen halbieren und den Saft auspressen. Den Zitronensaft mit Wasser in einer Schüssel verrühren. Die Schwarzwurzeln unter fließendem kalten Wasser gründlich abbürsten, mit einem Sparschäler sorgfältig schälen (dabei am besten Einweghandschuhe tragen, um sich vor dem sehr klebrigen Saft zu schützen), abspülen und abtropfen lassen. Die Wurzeln in das Zitronenwasser legen, damit die Stangen weiß bleiben.

2. Von dem Rosenkohl die äußeren Blätter entfernen und etwas vom Strunk abschneiden. Röschen am Strunk kreuzförmig einschneiden, abspülen und gut abtropfen lassen. Rosenkohlröschen halbieren.

3. Die Schwarzwurzeln abspülen, abtropfen lassen und schräg in etwa 3 cm lange Stücke schneiden. Olivenöl in einer großen Pfanne erhitzen. Die Schwarzwurzelstücke darin etwa 10 Minuten unter mehrmaligem Wenden knackig braun braten. Mit Salz, Pfeffer und Zitronenschale würzen.

4. In der Zwischenzeit den Rosenkohl in kochendem Wasser 1–2 Minuten blanchieren, anschließend in ein Sieb geben, mit kaltem Wasser abschrecken und abtropfen lassen. Die Tomate abspülen, trocken tupfen, vierteln und den Stängelansatz herausschneiden. Tomate entkernen und in kleine Würfel schneiden.

5. Nach etwa 5 Minuten Bratzeit, wenn die Schwarzwurzeln anfangen, braun zu werden (sie sollen knackig sein), den Rosenkohl hinzugeben und etwa 5 Minuten mitbraten lassen. Das Gemüse nochmals mit Salz, Pfeffer und Zitronenschale abschmecken. Zuletzt den gerösteten und schwarzen Sesam mit den Tomatenwürfeln unterrühren. Das Gemüse anrichten und sofort servieren.

SEITAN-GULASCH

◷ Zubereitungszeit: 30 Minuten, ohne Marinierzeit
Schmorzeit: etwa 15 Minuten
+ Vegan
▲ mit Alkohol

ZUTATEN FÜR 4 PORTIONEN

500 g abgetropfter Seitan (Weizeneiweiß-Protein, bitte beim Einkauf beachten, ob die Mischung bereits gewürzt ist)
2 Knoblauchzehen
2 EL vegane Sojasauce
200 ml Orangensaft
2 kleine Lorbeerblätter
2 Zwiebeln
1 kleines Bund Suppengrün (Möhre, Sellerie, Lauch, etwa 400 g)
2 EL Speiseöl
1 EL Tomatenmark
200 ml veganer trockener Rotwein oder Gemüsebrühe
½ TL gerebelter Thymian
200 ml Wasser
100 ml Sojacreme
gem. Pfeffer
evtl. 1 Prise Chiliflocken oder Cayennepfeffer

PRO PORTION:

E: 30 g, F: 12 g, Kh: 16 g, kcal: 308

1. Seitan in Stücke (etwa 2 x 3 cm) schneiden. Knoblauch abziehen und fein würfeln. Sojasauce (sofern der Seitan laut Packung bereits gewürzt ist evtl. weniger Sojasauce verwenden), Orangensaft, Lorbeerblätter und Knoblauchwürfel in einer Schüssel mischen. Die Seitanwürfel untermischen, zugedeckt etwa 2 Stunden marinieren.

2. Zwiebeln abziehen, halbieren und in Würfel schneiden. Suppengrün putzen, abspülen, abtropfen lassen und in kleine Stücke schneiden.

3. Seitan abtropfen lassen, die Marinade dabei auffangen. Das Speiseöl in einem Topf erhitzen. Seitanwürfel mit Küchenpapier trocken tupfen, dann in dem heißen Öl von allen Seiten braun anbraten, herausnehmen und beiseitestellen.

4. Zwiebelwürfel und Suppengrünstücke im verbliebenen Bratfett unter Wenden anbraten. Tomatenmark unterrühren und alles kräftig braun anrösten. Anschließend mit etwa einem Drittel der Marinierflüssigkeit ablöschen und fast vollständig einkochen lassen.

5. Von dem Wein bzw. der Brühe 150 ml hinzugießen, ebenfalls fast vollständig einkochen lassen. Seitanwürfel und Thymian hinzugeben, mit der restlichen Marinierflüssigkeit, restlichem Wein oder restlicher Brühe und dem Wasser ablöschen. Die Zutaten zugedeckt etwa 15 Minuten bei schwacher Hitze schmoren lassen.

6. Seitan-Gulasch evtl. ohne Deckel noch etwas einkochen lassen. Die Sojacreme unterrühren. Gulasch mit Pfeffer, nach Belieben mit Chili oder Cayennepfeffer und evtl. vorsichtig noch etwas Salz abschmecken.

TIPPS:

Zum Gulasch schmecken Mashed Potatoes (Kartoffelstampf), Kartoffelpüree oder eifreie Bandnudeln. Neben Sojaprodukten als Fleischersatz schwören viele Vegetarier und Veganer auf Seitan. Er wird durch das Auswaschen der Stärke aus Weizen gewonnen, kann natur oder paniert gebraten, gekocht oder frittiert werden. Seitan wird vor allem aufgrund seiner bissfesten, an Fleisch erinnernden Konsistenz als Fleischersatzprodukt geschätzt. Seitan bekommt man in vielen Bioläden oder im Online-Versand. Er kann aber auch selbst hergestellt werden.

SELLERIE-KARTOFFEL-EINTOPF MIT KICHERERBSEN

Zubereitungszeit: 40 Minuten
Garzeit: etwa 20 Minuten

ZUTATEN FÜR 4 PORTIONEN

400 g festkochende Kartoffeln
500 g Knollensellerie
200 g Möhren
1 Zwiebel
2 EL Butter
1 ½ l Gemüsebrühe
240 g abgetropfte Kichererbsen (aus der Dose)
1 Bund glatte Petersilie
200 ml mildes Olivenöl
Salz
grob gem. schwarzer Pfeffer

PRO PORTION:

E: 10 g, F: 26 g, Kh: 30 g, kcal: 392

1. Die Kartoffeln schälen, abspülen, abtropfen lassen und in Würfel schneiden. Knollensellerie und Möhren putzen, schälen, abspülen, abtropfen lassen und ebenfalls in Würfel schneiden. Die Zwiebel abziehen und klein würfeln.

2. Die Butter in einem Topf zerlassen, Zwiebelwürfel darin andünsten. Kartoffel-, Sellerie- und Möhrenwürfel darin portionsweise unter Rühren andünsten. Gemüsebrühe hinzugießen und zum Kochen bringen. Den Eintopf zugedeckt etwa 20 Minuten bei mittlerer Hitze kochen lassen.

3. Die Kichererbsen nach etwa 15 Minuten Garzeit zum Eintopf in den Topf geben und mitgaren lassen.

4. In der Zwischenzeit die Petersilie abspülen, trocken tupfen und die Blättchen von den Stängeln zupfen (einige Blättchen zum Garnieren beiseitelegen). Blättchen grob zerschneiden und in einen hohen Rührbecher geben. Olivenöl mit gut 1 Prise Salz hinzufügen und mit dem Pürierstab zu einem glatten, grünen Öl mixen.

5. Den Eintopf mit Salz und Pfeffer abschmecken, in Tellern oder Bowls verteilen. Mit je 1–2 Esslöffeln (je etwa 15 g) des Petersilienöls und den beiseitegelegten Petersilienblättchen garnieren und sofort servieren. Restliches Petersilienöl dazureichen.

TIPP:

Das restliche Kräuteröl in einem verschlossenen Gefäß im Kühlschrank aufbewahren und nach Belieben für Pasta und Dressings verwenden.

SELLERIE-TOPINAMBUR-SUPPE MIT BELUGALINSEN

◷ Zubereitungszeit: 25 Minuten, ohne Einweichzeit
Garzeit: etwa 20 Minuten
▲ Mit Alkohol

ZUTATEN FÜR 4 PORTIONEN

100 g Belugalinsen
300 g Knollensellerie
300 g Topinambur
3 Schalotten
4 Stängel Thymian
30 g Butter
150 ml Weißwein
700 ml Gemüsebrühe
225 g Schlagsahne
Salz
gem. schwarzer Pfeffer
50 g Feldsalat
25 g Rauchmandeln

PRO PORTION:

E: 13 g, F: 29 g, Kh: 21 g, kcal: 419

1. Die Linsen in einer Schüssel mit kaltem Wasser übergießen, sodass sie ganz bedeckt sind. Linsen über Nacht einweichen.

2. Am nächsten Tag die Linsen in ein Sieb geben, mit kaltem Wasser abspülen, abtropfen lassen, in einem Topf mit frischem Wasser bedeckt ohne Deckel 8–10 Minuten garen. Die gegarten Linsen in ein Sieb geben, mit kaltem Wasser abschrecken und gut abtropfen lassen.

3. Sellerie und Topinambur putzen, schälen, abspülen, abtropfen lassen und in etwa 2 cm große Würfel schneiden. Die Schalotten abziehen und fein würfeln. Thymian abspülen und trocken tupfen.

4. Butter in einem Topf zerlassen. Sellerie-, Topinambur- und Schalottenwürfel darin unter Rühren kräftig andünsten. Mit Weißwein ablöschen und auf die Hälfte einkochen. Brühe, 125 g Sahne und Thymianstängel hinzugeben. Mit Salz und Pfeffer würzen. Die Zutaten zum Kochen bringen und ohne Deckel etwa 20 Minuten bei schwacher Hitze kochen lassen.

5. Feldsalat putzen, in einzelne Blätter teilen und die Stiele abschneiden. Salatblätter abspülen und gut abtropfen lassen. Die Mandeln klein hacken.

6. Die Suppe mit einem Pürierstab sehr fein pürieren. Die Linsen hinzugeben und langsam erhitzen. Restliche Sahne halbsteif schlagen.

7. Die Feldsalatblätter in die heiße Suppe geben und kurz zusammenfallen lassen. Anschließend die geschlagene Sahne unterziehen. Die Suppe in vorgewärmten Tellern anrichten und mit den Mandeln bestreuen.

TIPP:

Zu der Suppe geröstetes Graubrot reichen.

SEMMELKNÖDEL AUF GEBRATENEN PILZEN

Zubereitungszeit: 90 Minuten

ZUTATEN FÜR 4 PORTIONEN

FÜR DIE KNÖDEL:

6 Laugenbrezeln (vom Vortag)
500 ml Milch (3,5 % Fett)
Salz
gem. Pfeffer
ger. Muskatnuss
2 Zwiebeln
2 EL Butter
3 kleine Eier (Größe S)
2 EL klein geschnittene Petersilie
1 Möhre
50 g Lauch

500 ml Speiseöl zum Frittieren

600 g gemischte Pilze
(Champignons, Austernpilze, Shiitake)
2 EL Olivenöl
½ Bund glatte Petersilie
160 g Butter

PRO PORTION:

E: 26 g, F: 61 g, Kh: 88 g, kcal: 1002

1. Für die Knödel von den Brezeln das Salz abreiben. Brezeln klein würfeln, in eine Schüssel geben. Milch mit Salz, Pfeffer und etwas Muskat erhitzen, zu den Brezelwürfeln geben und gut durchrühren.

2. Zwiebeln abziehen, klein würfeln. Butter zerlassen. Die Zwiebelwürfel darin andünsten, zu den Brezelwürfeln in die Schüssel geben. Eier verschlagen, mit der Petersilie ebenfalls hinzugeben und unterrühren. Mit Salz und Pfeffer würzen.

3. Möhre putzen, schälen, abspülen, abtropfen lassen, in sehr feine Streifen schneiden. Lauch gründlich waschen, abtropfen lassen, in sehr feine Streifen schneiden. Speiseöl in einer Fritteuse auf etwa 150 °C erhitzen. Die Gemüsestreifen darin kurz vorfrittieren und mit einer Schaumkelle herausnehmen. Das Speiseöl nun auf etwa 180 °C erhitzen. Die Gemüsestreifen in dem Speiseöl knusprig braun ausbacken, wieder mit einer Schaumkelle herausnehmen, auf Küchenpapier abtropfen lassen. Mit Salz würzen und warm halten.

4. Aus der Knödelmasse 8 oder 12 Knödel formen. In einem großen Topf so viel Wasser zum Kochen bringen, dass die Knödel in dem Wasser „schwimmen“ können, Salz hinzufügen. Die Knödel in das kochende Salzwasser geben, wieder zum Kochen bringen und in etwa 15 Minuten gar ziehen lassen (das Wasser muss sich leicht bewegen).

5. In der Zwischenzeit Pilze putzen, evtl. kurz abspülen, trocken tupfen und in Stücke schneiden. Olivenöl in einer großen Pfanne erhitzen. Die Pilzstücke darin unter Rühren braten. Mit Salz und Pfeffer würzen. Petersilie abspülen, trocken tupfen und die Blättchen von den Stängeln zupfen. Blättchen klein schneiden und unter die Pilze heben.

6. Die Butter zerlassen und unter ständigem Rühren braun werden lassen, damit die Butter einen nussigen Geschmack bekommt. Die Pilze auf 4 Tellern verteilen. Jeweils 2 oder 3 Knödel daraufgeben. Die braune Butter über die Knödel träufeln und mit dem warm gehaltenen Gemüsestroh garnieren.

SOCCA-WRAP MIT ZIEGEN-KÄSECREME UND AVOCADO

◔ Zubereitungszeit: 50 Minuten, ohne Quellzeit

ZUTATEN FÜR 4 PORTIONEN

175 g Kichererbsenmehl
1 EL frische Rosmarinnadeln
375 ml kaltes Wasser
Salz
9 EL Olivenöl

75 g Babyleaf-Salate
250 g Ziegenfrischkäse
250 g Crème fraîche
1 EL fein abger. Schale von 1 Bio-Zitrone (unbehandelt, ungewachst)
gem. schwarzer Pfeffer

2 Eiweiß (Größe S)

750 g reife Avocado (etwa 3 Stück)
125 g abgetropfte, getrocknete Cherrytomaten, in Öl

PRO PORTION:

E: 23 g, F: 81 g, Kh: 34 g, kcal: 984

1. Kichererbsenmehl in eine Rührschüssel geben. Rosmarinnadeln fein zerschneiden, mit 375 ml kaltem Wasser, Salz und 3 Esslöffeln Olivenöl zum Kichererbsenmehl geben. Die Zutaten zu einem glatten Teig verrühren. Den Teig etwa 20 Minuten quellen lassen.

2. In der Zwischenzeit Salate putzen, abspülen, gut trocken tupfen oder trocken schleudern. Ziegenfrischkäse mit Crème fraîche, Zitronenschale, Salz und Pfeffer verrühren.

3. Den Backofen vorheizen.
Ober-/Unterhitze etwa 100 °C

4. Das Eiweiß steif schlagen und unter den Teig heben. Aus dem Teig insgesamt 12 dünne, goldbraune Pfannkuchen backen. Dafür jeweils etwas von dem restlichen Olivenöl in einer kleinen Pfanne (ø 16 cm) erhitzen. Je etwas von dem Teig gleichmäßig verteilt in die Pfanne geben und die Pfanne dabei kreisen. Die Soccas von beiden Seiten goldbraun backen. Die gebackenen Soccas im vorgeheizten Backofen warm halten.

5. In der Zwischenzeit Avocados halbieren und jeweils den Stein entfernen. Avocadohälften schälen und in Spalten schneiden.

6. Die Soccas mit der Ziegenkäsecreme, den Avocadospalten, Salaten und getrockneten Tomaten belegen. Sofort servieren.

SOMMERGEMÜSE MIT SCHUPFNUDELN

Zubereitungszeit: 30 Minuten

ZUTATEN FÜR 4 PORTIONEN

30 g Sonnenblumenkerne
1 kleiner Spitzkohl (etwa 600 g)
4–5 Möhren (400–500 g)
300 g Zucchini
15 g Butter oder Margarine
1 TL Zucker
Salz
gem. Pfeffer
ger. Muskatnuss
1 EL Zitronensaft
500 g Schupfnudeln (aus dem Kühlregal)
150 g saure Sahne (10 % Fett)
100 ml Wasser
2 gestr. EL heller Saucenbinder

PRO PORTION:

E: 13 g, F: 13 g, Kh: 56 g, kcal: 393

1. Sonnenblumenkerne in einer Pfanne ohne Fett unter Wenden anrösten, herausnehmen und auf einen Teller legen.

2. Spitzkohl putzen, halbieren und den Strunk herausschneiden. Spitzkohl abspülen, gut abtropfen lassen und in fingerbreite Streifen schneiden. Möhren putzen, schälen, abspülen und abtropfen lassen. Zucchini abspülen, abtrocknen und die Enden abschneiden. Möhren und Zucchini in feine Stifte schneiden.

3. Jeweils etwas Butter oder Margarine in einer großen Pfanne zerlassen. Kohlstreifen, Möhren- und Zucchinistifte darin portionsweise unter Rühren andünsten. Gemüse mit Zucker, Salz, Pfeffer und Muskat würzen. Zitronensaft und etwa 4 Esslöffel Wasser hinzugeben und zum Kochen bringen. Das Gemüse zugedeckt etwa 5 Minuten bei schwacher Hitze garen, dabei gelegentlich umrühren.

4. Den Deckel abnehmen. Das Gemüse bei starker Hitze braten, bis die Flüssigkeit fast verdampft ist. Schupfnudeln hinzugeben und unter vorsichtigem Wenden anbraten. Saure Sahne mit Wasser und Saucenbinder verrühren, unter vorsichtigem Rühren unter die Gemüse-Schupfnudel-Mischung rühren und kurz aufkochen lassen.

5. Die Sommergemüse-Pfanne nochmals mit Salz, Pfeffer und Muskat abschmecken, mit Sonnenblumenkernen bestreut sofort servieren.

SOMMERTOMATEN MIT LINSENSALAT

Zubereitungszeit: 20 Minuten
Garzeit: etwa 30 Minuten

ZUTATEN FÜR 4 PORTIONEN

FÜR DEN LINSENSALAT:

125 g feine Linsen, z. B. Puy-, Beluga- oder Alblinsen
1 Lorbeerblatt
1 TL gekörnte Gemüsebrühe
Salz
1 TL Olivenöl
1–2 EL milder Apfelessig
200 g Joghurt (0,1 % Fett)
1 Prise Zucker
etwas mildes Currypulver
gem. Pfeffer
1 große, rote Paprikaschote (etwa 250 g)
1 kleine, reife Mango (etwa 300 g)

600 g Tomaten, z. B. aromatische Romana-Freilandtomaten
2 Knoblauchzehen
1 großes Bund gemischte Sommerkräuter, z. B. Thymian, Rosmarin, Basilikum, Dill
1 EL Olivenöl

PRO PORTION:

E: 12 g, F: 5 g, Kh: 33 g, kcal: 228

1. Für den Salat Linsen abspülen, abtropfen lassen und mit dem Lorbeerblatt in einen Topf geben. So viel Wasser hinzugießen, dass die Linsen etwa 1 cm hoch mit Flüssigkeit bedeckt sind. Linsen zum Kochen bringen, Brühe hinzugeben. Die Linsen bei schwacher Hitze etwa 25 Minuten garen (Packungsanleitung beachten). Dann 1 Teelöffel Salz hinzugeben und die Linsen weitere etwa 5 Minuten kochen lassen.

2. Linsen abgießen und abtropfen lassen. Die Linsen in einer Schüssel mit Olivenöl und Apfelessig mischen. Den Linsensalat lauwarm abkühlen lassen.

3. In der Zwischenzeit den Joghurt mit Zucker, Currypulver, Salz und Pfeffer verrühren und abschmecken.

4. Die Paprikaschote halbieren, entstielen, entkernen und die weißen Scheidewände entfernen. Schote abspülen, abtropfen lassen und fein würfeln. Von der Mango das Fruchtfleisch vom Stein schneiden, schälen und fein würfeln. Paprika- und Mangowürfel zu den Linsen geben und untermischen, mit Salz und Pfeffer würzen.

5. Tomaten abspülen, abtrocknen, halbieren und die Stängelansätze herausschneiden. Knoblauch abziehen und in Scheiben schneiden. Kräuter abspülen, trocken tupfen und die Blättchen bzw. Nadeln und Spitzen von den Stängeln zupfen, grob zerschneiden.

6. Olivenöl in einer beschichteten Pfanne erhitzen. Rosmarin, Thymian und Knoblauch darin anbraten. Die Tomaten hinzugeben, bei starker Hitze kurz durchschwenken, mit Salz und Pfeffer würzen. Die restlichen Kräuter darüberstreuen. Die Tomaten mit dem Linsensalat anrichten und mit dem Dressing servieren.

TIPPS:

Garnieren Sie das Gericht mit abgespülten, trocken getupften Basilikumblättchen. Servieren Sie frisches Vollkornbrot dazu. Die heimische Tomatenhauptsaison dauert von Juli bis September. Dabei sind die unterschiedlichsten Sorten erhältlich: rund, länglich und eierförmig, von kirschgroß bis hin zu 10 cm großen Fleischtomaten. Tomaten zeichnen sich durch einen hohen Gehalt an Beta-Carotin und Vitamin C sowie an Kalium und Carotinoiden, insbesondere Lycopin (besonders hoher Gehalt in Freilandtomaten), aus. Lycopin wird eine antioxidative Wirkung zugesprochen.

SPAGHETTI ALLA CARBONARA „VEGGIE“

Zubereitungszeit: 30 Minuten
+ Vegan

ZUTATEN FÜR 2 PORTIONEN

200 g Spaghetti ohne Ei
Salz

FÜR DIE SAUCE:

175 g Räuchertofu (aus dem Kühlregal)
½ Bund glatte Petersilie
1 rote Zwiebel
1 ½ EL Olivenöl
250 g Sojasahne
gem. Pfeffer

PRO PORTION:

E: 30 g, F: 35 g, Kh: 77 g, kcal: 760

1. Nudeln in kochendem Salzwasser nach Packungsanleitung bissfest garen.

2. In der Zwischenzeit für die Sauce den Tofu in kleine Würfel schneiden. Petersilie abspülen, trocken tupfen und die Blättchen von den Stängeln zupfen, Blättchen klein schneiden. Zwiebel abziehen und in kleine Würfel schneiden. Alles beiseitestellen.

3. Die gegarten Nudeln in ein Sieb geben, mit heißem Wasser abspülen und abtropfen lassen.

4. Das Olivenöl in einer Pfanne erhitzen. Danach die Tofuwürfel darin bei starker Hitze von allen Seiten in etwa 5 Minuten braun anbraten. Zwiebelwürfel hinzugeben und etwa 2 Minuten bei mittlerer Hitze unter gelegentlichem Rühren mit andünsten.

5. Sojasahne hinzugießen, alles zum Kochen bringen und ohne Deckel bei mittlerer Hitze etwa 3 Minuten einkochen lassen. Klein geschnittene Petersilie, bis auf 1 Teelöffel zum Garnieren, unterrühren und die „Carbonara“-Sauce mit Salz und Pfeffer abschmecken.

6. Spaghetti in die Pfanne geben und mit der Carbonara-Sauce gut vermischen. Spaghetti Carbonara „veggie“ auf Tellern anrichten und mit restlicher Petersilie bestreut servieren.

TIPPS:

Statt der roten Zwiebel lässt sich auch eine Schalotte verwenden. Die Sojasahne kann auch durch Haferkochcreme ersetzt werden. Wer mag, streut noch 2 Teelöffel gehackte Cashewnusskerne darüber.

SPARGEL-REIS-SUPPE

Zubereitungszeit: 50 Minuten
Garzeit: 25 – 28 Minuten

ZUTATEN FÜR 4 PORTIONEN

125 g Langkornreis
Salz
500 g weißer Spargel
250 ml Wasser
Zucker
30 g Butter
20 g Weizenmehl
750 ml Gemüsebrühe
gem. Pfeffer
ger. Muskatnuss
einige Spritzer Zitronensaft

PRO PORTION:

E: 5 g, F: 7 g, Kh: 31 g, kcal: 213

1. Reis in kochendem Salzwasser zugedeckt bei mittlerer Hitze 12–15 Minuten garen. Den gegarten Reis in einem Sieb abtropfen lassen.

2. Den Spargel von oben nach unten dünn schälen, dabei darauf achten, dass die Schalen vollständig entfernt, die Köpfe aber nicht verletzt werden. Die unteren Enden abschneiden. Spargel abspülen, abtropfen lassen und in etwa 3 cm lange Stücke schneiden.

3. Wasser in einem Topf zugedeckt zum Kochen bringen. Je 1 Prise Salz und Zucker hinzufügen. Spargelstücke darin etwa 8 Minuten garen. Spargelstücke in einem Sieb abtropfen lassen, dabei das Spargelwasser auffangen.

4. Die Butter in einem Topf zerlassen. Mehl darin unter Rühren so lange erhitzen, bis es hellgelb ist. Die Gemüsebrühe nach und nach hinzugießen und mit einem Schneebesen kräftig durchschlagen, dabei darauf achten, dass keine Klümpchen entstehen. Die Suppe zum Kochen bringen und bei schwacher Hitze etwa 5 Minuten unter gelegentlichem Rühren kochen lassen.

5. Aufgefangenes Spargelwasser mit den Spargelstücken unterrühren. Den gegarten Reis ebenfalls in die Suppe geben und alles nochmals kurz erwärmen. Die Suppe mit Salz, Pfeffer, Muskat und Zitronensaft abschmecken.

TIPP:

Die Suppe in Suppenschalen anrichten und mit Frühlingszwiebelscheiben bestreut servieren.

SPINATSUPPE MIT AVOCADOSTÜCKCHEN

◷ Zubereitungszeit: 30 Minuten
Garzeit: etwa 6 Minuten
+ Vegan

ZUTATEN FÜR 4 PORTIONEN

300 g TK-Blattspinat
1 Zwiebel (etwa 120 g)
1 Knoblauchzehe
3 EL Distelöl
1 TL Sambal Oelek
500 ml vegane Gemüsebrühe
1 Bund Koriander
1 reife Avocado
500 ml Reisdrink (ungesüßt)
Salz
gem. Pfeffer

PRO PORTION:

E: 4 g, F: 20 g, Kh: 15 g, kcal: 269

1. Spinat in einem Sieb etwas antauen lassen. Zwiebel und Knoblauch abziehen, Zwiebel in kleine Würfel schneiden und Knoblauch durch eine Knoblauchpresse drücken.

2. Distelöl in einem Topf erhitzen. Zwiebelwürfel, Knoblauch und Sambal Oelek darin andünsten. Spinat in Streifen schneiden, zu den Zwiebelwürfeln geben und unter Rühren mitdünsten lassen. Brühe hinzugießen, zum Kochen bringen und bei schwacher Hitze etwa 6 Minuten kochen lassen.

3. Koriander abspülen, trocken tupfen und die Blättchen von den Stängeln zupfen, Blättchen in Streifen schneiden. Avocado halbieren und den Stein entfernen. Das Fruchtfleisch aus der Schale lösen und in Würfel schneiden.

4. Den Reisdrink zur Spinatsuppe geben und nochmals aufkochen lassen. Korianderstreifen unterheben. Die Suppe mit Salz und Pfeffer abschmecken. Die Suppe mit den Avocadowürfeln in Tellern anrichten und servieren.

SPINATSUPPE MIT SONNENBLUMENKERNEN

Zubereitungszeit: 25 Minuten

ZUTATEN FÜR 4 PORTIONEN

1 Zwiebel
2 Knoblauchzehen
2 EL Butter
750 ml Gemüsebrühe
250 g Schlagsahne

4 EL Sonnenblumenkerne
200 g Blattspinat
Salz
gem. Pfeffer
Cayennepfeffer
2 EL kalte Butter, in Würfel geschnitten

40 g Rote-Bete-Sprossen

PRO PORTION:

E: 8 g, F: 41 g, Kh: 9 g, kcal: 440

1. Zwiebel und Knoblauch abziehen, in kleine Würfel schneiden. Butter in einem Topf zerlassen. Die Zwiebel- und Knoblauchwürfel darin andünsten. Gemüsebrühe und Sahne hinzugießen, zum Kochen bringen und etwa 5 Minuten kochen lassen.

2. In der Zwischenzeit Sonnenblumenkerne in einer Pfanne ohne Fett unter Wenden goldbraun rösten und auf einen Teller geben.

3. Den Blattspinat verlesen, dicke Stiele entfernen. Spinat gründlich waschen, tropfnass in die kochende Suppe geben und mit einem Pürierstab zu einer glatten Suppe mixen. Mit Salz, Pfeffer und Cayennepfeffer abschmecken. Zuletzt die kalten Butterwürfel unter die kochende Suppe mixen.

4. Die Suppe nach Belieben in hohen Gläsern anrichten. Mit den Sonnenblumenkernen bestreuen und mit abgespülten, trocken getupften Rote-Bete-Sprossen garniert servieren.

BEILAGE:

Grissini (Knabbergebäck).

SUSHI MIT OMELETT UND SOJA-AUBERGINEN

● Zubereitungszeit: 60 Minuten, ohne Abkühlzeit
Garzeit: etwa 30 Minuten

ZUTATEN FÜR 24 STÜCK

300 g Sushireis
450 ml Wasser
1 gestr. TL Salz
4 EL Reisessig
1 TL Zucker
½ gestr. TL Salz

4 Eier (Größe M)
7 EL Speiseöl, z. B. Maiskeimöl
1 Aubergine (etwa 225 g)
120 ml Sojasauce
4 EL Wasser
4 EL Mirin (japanischer Reiswein)
3 TL Buchweizenkörner
3 Blätter getrocknete Norialgen (etwa 20 x 20 cm, erhältlich im Asialaden oder in Spezialitätenabteilungen von Supermärkten)
8 Schnittlauchhalme
4 TL Wasabipaste
100 g abgetropfter, eingelegter Ingwer (aus dem Glas)

PRO STÜCK:

E: 3 g, F: 4 g, Kh: 14 g, kcal: 106

1. Sushireis in ein Sieb geben, so lange unter fließendem kalten Wasser abspülen, bis das Wasser klar abläuft. Reis in einem Sieb sehr gut abtropfen lassen. Reis mit Wasser in einem Topf zum Kochen bringen, Salz hinzugeben. Die Reis zugedeckt bei schwacher Hitze etwa 20 Minuten kochen lassen. Topf von der Kochstelle nehmen. Reis etwa 10 Minuten ausquellen lassen. Reisessig erwärmen. Zucker und Salz darin unter Rühren auflösen. Reisessig locker unter den heißen Reis mischen, mit einem feuchten Geschirrtuch zudecken, fast ganz erkalten lassen.

2. Die Eier verschlagen. 1 Esslöffel Speiseöl in einer beschichteten Pfanne (Ø 18 cm) erhitzen. Die Hälfte der Eiermasse hineingeben, bei schwacher Hitze stocken lassen (die Oberseite sollte leicht gestockt und trocken, die Unterseite leicht bräunlich sein). Ein weiteres Omelett auf die gleiche Weise zubereiten.

3. Aubergine abspülen, abtrocknen, Stängelansatz entfernen. Aubergine zuerst längs in etwa 2 cm dicke Scheiben, dann in 6 etwa 20 cm lange und 2 cm breite Streifen schneiden. Restliches Speiseöl in einer Pfanne erhitzen. Auberginenstreifen darin bei mittlerer Hitze etwa 5 Minuten braten. 2 Esslöffel Sojasauce mit Wasser und Mirin verrühren, zu den Auberginen geben, ganz einkochen lassen, dabei einmal wenden.

4. Buchweizen in einer Pfanne ohne Fett unter Wenden goldbraun rösten, auf einen Teller geben. Die Omeletts einmal halbieren.

5. Ein Norialgenblatt auf eine Sushimatte legen. Ein Drittel der Reismasse darauf verteilen, sodass rundherum ein 1 cm breiter Rand frei bleibt. Dabei die Hände immer wieder mit Wasser befeuchten, damit der Reis nicht so klebt.

6. Eine Omelettthälfte so auf den Reis legen, dass oben und unten etwa 1 cm Reis unbelegt bleibt. Auf das untere Drittel 2 Auberginenstreifen legen, mit einem Drittel des Buchweizens bestreuen. Das Ganze mithilfe der Sushimatte zu einer festen Rolle aufrollen. 3 weitere Sushirollen auf die gleiche Weise zubereiten.

7. Jede Rolle mit einem in kaltes Wasser getauchten, scharfen Messer in 6 Stücke schneiden. Schnittlauchhalme abspülen, trocken tupfen, in 2 ½ cm lange, schräge Stücke schneiden. Auf jedes Sushi ein Schnittlauchstück legen. Sushi mit restlicher Sojasauce, Wasabipaste und eingelegtem Ingwer servieren.

SÜSSKARTOFFEL-KÜRBIS-TOPF

◷ Zubereitungszeit: 45 Minuten
Garzeit: etwa 20 Minuten
+ Vegan

ZUTATEN FÜR 6 PORTIONEN

1 kg Kürbis, z. B. Hokkaido
800 g Süßkartoffeln
250 g rote Schalotten
2 Knoblauchzehen
2 grüne Chilischoten
2 EL Sesamöl
2 EL vegane rote Currypaste
2 ½ l vegane Gemüsebrühe
4 Kaffir-Limettenblätter (erhältlich im Asialaden)
1 gestr. TL Salz
250 g abgetropfter Tofu
4 EL Sojasauce
je 2–3 Stängel Thai-Basilikum und Koriander

PRO PORTION:

E: 13 g, F: 8 g, Kh: 38 g, kcal: 280

1. Kürbis abspülen, halbieren, evtl. schälen und die Kerne mit einem Löffel herausschaben. Das Kürbisfleisch in mundgerechte Würfel schneiden. Süßkartoffeln schälen, abspülen, abtropfen lassen und ebenfalls in Würfel schneiden.

2. Schalotten und Knoblauch abziehen. Schalotten halbieren und Knoblauch durch eine Knoblauchpresse drücken. Die Chilischoten halbieren, entstielen, entkernen, abspülen, trocken tupfen und fein schneiden.

3. Das Sesamöl in einem großen Topf erhitzen. Knoblauch und Chili darin andünsten. Die Currypaste hinzugeben und unterrühren. Die Kürbis-, Kartoffelwürfel und Schalottenhälften portionsweise hinzugeben und mitdünsten.

4. Die Gemüsebrühe hinzugießen. Limettenblätter abspülen, trocken tupfen, mit Salz hinzufügen. Den Eintopf zum Kochen bringen und zugedeckt bei schwacher Hitze etwa 20 Minuten kochen lassen.

5. In der Zwischenzeit den Tofu in Würfel schneiden und in eine Schüssel geben. Sojasauce daraufträufeln. Die Tofuwürfel etwa 10 Minuten marinieren, dabei gelegentlich umrühren.

6. Basilikum und Koriander abspülen, trocken tupfen und die Blättchen von den Stängeln zupfen. Einige Basilikumblättchen beiseitelegen. Restliche Basilikumblättchen klein schneiden.

7. Die Kaffir-Limettenblätter vor dem Servieren aus dem Eintopf nehmen. Die Tofuwürfel in den Eintopf geben und kurz miterwärmen. Den Süßkartoffel-Kürbis-Topf mit Basilikum und Koriander bestreut servieren.

SÜSSKARTOFFELN MIT HONIG-SENF-DRESSING

Zubereitungszeit: 30 Minuten, ohne Abkühlzeit
Grillzeit: 8–10 Minuten

ZUTATEN FÜR 4 PORTIONEN

4 längliche Süßkartoffeln (je 180–200 g)
½ gestr. TL Salz

FÜR DAS HONIG-SENF-DRESSING:

2 Frühlingszwiebeln
1 kleines Bund glatte Petersilie
80 g geröstete, gesalzene Erdnusskerne
4 EL flüssiger Honig
2 EL mittelscharfer Senf
2 EL Traubenkern- oder Olivenöl
Meersalz
gem. bunter Pfeffer

PRO PORTION:

E: 9 g, F: 17 g, Kh: 65 g, kcal: 468

1. Die Süßkartoffeln abspülen, abtropfen lassen und in einem Topf knapp mit Wasser bedeckt zugedeckt zum Kochen bringen, Salz hinzugeben. Die Kartoffeln etwa 20 Minuten garen. Dann die Kartoffeln abgießen, mit eiskaltem Wasser abschrecken, abtropfen und erkalten lassen.

2. In der Zwischenzeit für das Dressing die Frühlingszwiebeln putzen, abspülen, abtropfen lassen und in feine Scheiben schneiden. Petersilie abspülen, trocken tupfen und die Blättchen von den Stängeln zupfen. Blättchen klein schneiden.

3. Erdnusskerne mit Frühlingszwiebelscheiben, Petersilie, Honig, Senf und Traubenkern- oder Olivenöl verrühren.

4. Die gegarten Süßkartoffeln längs halbieren und mit der Schnittfläche nach unten auf den Grillrost (gut gefettet) des heißen Grills legen.

Die Kartoffelhälften bei mittlerer Hitze 8–10 Minuten grillen, dabei hin und wieder wenden, bis die Kartoffelhälften knusprig braun sind.

5. Die Kartoffelhälften auf einer Platte oder auf Tellern anrichten, je einen Löffel von dem Honig-Senf-Dressing daraufgeben, mit Salz und Pfeffer würzen.

REZEPTVARIANTE:

Für **Folienkartoffeln mit Ziegenfrischkäse** (4 Portionen) 2 abgezogene, klein geschnittene Knoblauchzehen mit 1 abgezogenen, gewürfelten Zwiebel, 5 Esslöffeln Rapsöl und 1 Teelöffel Paprikapulver edelsüß verrühren. 4 Kartoffeln (je etwa 150 g) unter fließendem kalten Wasser gründlich abbürsten, abtropfen lassen, längs achteln und mit der Ölmischung vermischen. Jeweils einen Bogen Backpapier auf je einen Bogen Alufolie legen. Portionsweise die Kartoffelspalten mittig darauflegen, mit Salz und Pfeffer würzen. Dann zuerst jeweils das Backpapier, dann die Alufolie gut verschließen und im Randbereich auf den Grillrost des heißen Grills legen. Die Kartoffelpäckchen bei nicht zu starker Hitze etwa 25 Minuten grillen. Anschließend die gegrillten Kartoffelpäckchen vorsichtig öffnen, 100 g Ziegenfrischkäse zerbröseln und auf den Kartoffelspalten verteilen. Die Päckchen wieder verschließen und weitere 5–10 Minuten grillen, bis die Kartoffelspalten gar sind.

TOFU MIT BOHNENGEMÜSE

◷ Zubereitungszeit: 35 Minuten, ohne Marinierzeit
Garzeit Gemüse: etwa 11 Minuten
+ Vegan

ZUTATEN FÜR 4 PORTIONEN

FÜR DEN TOFU:

450 g Tofu
1–2 TL scharfer Senf
2–3 EL ger. Meerrettich (aus dem Glas)
2 EL Balsamico-Essig
Salz

1 kg festkochende Kartoffeln

FÜR DAS BOHNENGEMÜSE:

450 g TK-Dicke Bohnen
1 Knoblauchzehe
2 EL Olivenöl
300 g TK-Brechbohnen
40 g Korinthen oder Rosinen
1 Bund Frühlingszwiebeln (etwa 150 g)

½ Bund Schnittlauch
1 EL Olivenöl
gem. Pfeffer
ger. Muskatnuss

PRO PORTION:

E: 24 g, F: 14 g, Kh: 57 g, kcal: 480

1. Für den Tofu den Tofu trocken tupfen, in etwa 2 cm breite Streifen schneiden und in eine Schale legen. Senf, Meerrettich und Essig verrühren, mit Salz würzen. Die Marinade auf den Tofustreifen verteilen und den Tofu anschließend zugedeckt etwa 40 Minuten marinieren.

2. Kartoffeln gründlich waschen, abtropfen lassen, knapp mit Wasser bedeckt zum Kochen bringen und zugedeckt etwa 25 Minuten garen.

3. In der Zwischenzeit für das Gemüse die gefrorenen Dicken Bohnen in kochendem Salzwasser etwa 3 Minuten kochen. Die Bohnen in ein Sieb geben, mit kaltem Wasser abspülen und etwas abkühlen lassen. Die Bohnenkerne jeweils aus der Schale drücken.

4. Knoblauch abziehen und in kleine Stücke schneiden. Olivenöl in einem breiten Topf erhitzen. Gefrorene Brechbohnen, Knoblauch und Korinthen oder Rosinen darin kurz unter Rühren andünsten. Anschließend zugedeckt etwa 8 Minuten bei mittlerer Hitze dünsten.

5. Die Frühlingszwiebeln putzen, abspülen, abtropfen lassen und in etwa 2 cm lange Stücke schneiden. Die Frühlingszwiebelstücke mit den Bohnenkernen zum Gemüse geben und zugedeckt etwa 3 Minuten bei mittlerer Hitze dünsten.

6. Schnittlauch abspülen, trocken tupfen und in Röllchen schneiden.

7. Das Olivenöl in einer beschichteten Pfanne erhitzen. Tofustreifen mit der Marinade darin bei mittlerer Hitze heiß werden lassen. Gegarte Kartoffeln abgießen, mit kaltem Wasser abschrecken und evtl. pellen.

8. Das Gemüse mit Salz, Pfeffer und Muskat würzen. Tofu mit dem Gemüse und den Kartoffeln anrichten. Schnittlauchröllchen daraufstreuen.

TIPP:

Wenn Sie keine TK-Dicke Bohnen bekommen, können Sie auch TK-Erbsen verwenden. Sie brauchen nicht in Salzwasser vorgegart zu werden. Wer etwas mehr Zeit hat, verwendet anstelle der gefrorenen Brechbohnen frische Bohnen. Sie sollten vorher abgespült werden. Evtl. müssen die Fäden der Bohnen entfernt werden, die Bohnen anschließend 1–2-mal durchschneiden.

TOFU MIT MÖHREN-RETTICH-RELISH

◔ Zubereitungszeit: 45 Minuten, ohne Durchziehzeit
+ Vegan

ZUTATEN FÜR 4 PORTIONEN

225 g Möhren
1 gestr. TL Salz
300 g Rettich
25 g frischer Ingwer
2 EL Reisessig
2 EL Zucker

FÜR DIE SAUCE:

½–1 rote Chilischote
2 Knoblauchzehen
2 EL Reisessig
1 EL gem. Kurkuma (Gelbwurz)
4 EL vegane asiatische Pilzsauce
2 EL Sojasauce
450 g Tofu
6 EL Speiseöl, z.B. Maiskeimöl

PRO PORTION:

E: 20 g, F: 22 g, Kh: 19 g, kcal: 358

1. Die Möhren putzen, schälen, abspülen, abtropfen lassen und grob raspeln. Die Möhrenraspel mit Salz mischen, zugedeckt etwa 2 Stunden durchziehen lassen.

2. Den Rettich putzen, schälen, abspülen, abtropfen lassen und ebenfalls grob raspeln. Den Ingwer schälen und fein reiben. Möhren- und Rettichraspel mit Reisessig, Zucker und Ingwer mischen. Rettich-Relish evtl. nochmals mit Salz abschmecken.

3. Für die Sauce Chilischote entstielen, halbieren, abspülen, abtropfen lassen und fein hacken. Knoblauch abziehen, klein schneiden. Chili und Knoblauch mit Reisessig, Kurkuma, Pilz- und Sojasauce mischen.

4. Tofu zuerst in etwa 1½ cm dicke Scheiben, dann in 12 jeweils etwa 5 x 8 cm große Stücke schneiden. Jedes Stück auf einer Seite mehrmals der Länge nach quer mit einem Messer leicht einritzen.

5. Jeweils die Hälfte des Speiseöls am besten in 2 großen Pfannen erhitzen. Die Tofustücke bei mittlerer Hitze auf jeder Seite goldbraun braten. Dann die Sauce hinzugeben und etwa 1 Minute etwas dickflüssig einkochen lassen. Tofu mit dem Relish servieren.

BEILAGE:

Duftreis, nach dem Kochen evtl. mit schwarzem Sesam mischen.

TOFUSCHNITZEL AUF PAKSOI

- Zubereitungszeit: 30 Minuten, ohne Marinierzeit
- Vegan

ZUTATEN 4 PORTIONEN

400 g fester Tofu
2 Knoblauchzehen
200 ml Sojasauce
600 g kleiner Paksoi (erhältlich im Asialaden)
4 Stängel Zitronengras
1 kleines Stück frischer Ingwer
1 EL Sesamöl
200 ml vegane Gemüsebrühe
200 g Sojasahne
Salz

100 g Semmelbrösel
2 EL geröstete Sesamsamen
1–2 EL Erdnussöl zum Braten
1 Topf Thai-Basilikum
2 Bio-Limetten (unbehandelt, ungewachst)

PRO PORTION:

E: 22 g, F: 25 g, Kh: 22 g, kcal: 409

1. Den Tofu in 4 gleich große Scheiben schneiden und in eine flache Schale legen. Knoblauch abziehen und durch eine Knoblauchpresse drücken. Sojasauce mit dem Knoblauch verrühren und auf den Tofuscheiben verteilen. Die Tofuscheiben etwa 60 Minuten marinieren.

2. Paksoi putzen, Stielenden abschneiden und entfernen. Paksoi gründlich abspülen, abtropfen lassen. Die Blätter von den Stielen streifen, Stiele in schmale Streifen schneiden. Blätter grob zerkleinern. Zitronengras abspülen, abtropfen lassen und mit einem Messerrücken aufschlagen. Zitronengras in große Stücke schneiden. Ingwer schälen und klein würfeln.

3. Sesamöl in einem Topf erhitzen. Die Zitronengrasstücke und Ingwerwürfel darin andünsten. Vorbereitete Paksoistiele hinzugeben und kurz mitdünsten lassen. Gemüsebrühe und Sojasahne hinzugießen. Die Zutaten zum Kochen bringen und mit Salz würzen. Paksoiblätter ebenfalls hinzugeben und alles in 3–5 Minuten bissfest garen, anschließend warm stellen.

4. Semmelbrösel und Sesamsamen in einem flachen Teller vermischen. Die Tofuscheiben aus der Marinade nehmen und tropfnass in der Semmelbrösel-Sesam-Mischung wälzen. Die Panade andrücken.

5. Erdnussöl in einer großen Pfanne erhitzen. Die Tofuschnitzel darin langsam von beiden Seiten goldbraun braten. Die Schnitzel herausnehmen und auf Küchenpapier abtropfen lassen.

6. Thai-Basilikum abspülen und trocken tupfen. Die Blättchen von den Stängeln zupfen. Limetten heiß abwaschen, abtrocknen und in Spalten schneiden.

7. Die Tofuschnitzel mit dem Paksoi-Gemüse anrichten. Mit Basilikumblättchen und Limettenspalten garnieren.

TOFU-TERRINE MIT SPARGEL

◔ Zubereitungszeit: 45 Minuten, ohne Kühlzeit
+ Vegan

ZUTATEN FÜR 4 PORTIONEN

je 250 g weißer und grüner Spargel
250 ml vegane Gemüsebrühe
1 Bund Schnittlauch
1–2 TL rosa Pfefferbeeren
200 ml Sojacreme zum Aufschlagen
1 Pck. Sahnesteif
3 gestr. TL (10 g) Agar-Agar
200 g Seidentofu
Salz
½ TL gem. Koriander
1–2 TL Zitronensaft
gem. Pfeffer

ZUSÄTZLICH:

1 Kastenform (25 x 11 cm)

PRO PORTION:

E: 8 g, F: 10 g, Kh: 8 g, kcal: 154

1. Weißen Spargel von oben nach unten schälen. Darauf achten, dass die Schalen vollständig entfernt, die Köpfe aber nicht verletzt werden. Die unteren Enden abschneiden (holzige Stellen vollkommen entfernen). Vom grünen Spargel nur das untere Drittel schälen und die unteren Enden abschneiden. Weißen und grünen Spargel abspülen, abtropfen lassen und in etwa 5 cm lange Stücke schneiden.

2. Brühe zum Kochen bringen. Weißen Spargel darin etwa 10, grünen Spargel etwa 6 Minuten garen. Spargel mit einem Schaumlöffel herausnehmen, mit kaltem Wasser kurz abschrecken, in einem Sieb abtropfen lassen. Spargel und Brühe getrennt erkalten lassen.

3. Schnittlauch abspülen, trocken tupfen und in feine Röllchen schneiden. Pfefferbeeren mit den Fingern fein zerreiben. Sojacreme mit einem Mixer (Rührstäbe) aufschlagen, dabei nach und nach Sahnesteif einrieseln lassen.

4. Die erkaltete Spargelbrühe (250 ml) in einen Topf geben, mit Agar-Agar verrühren und unter Rühren aufkochen lassen. Den Topf von der Kochstelle nehmen. Tofu zu der Brühe in den Topf geben. Die Zutaten pürieren. Die aufgeschlagene Sojacreme mit den Schnittlauchröllchen unterheben, mit Salz, Koriander, geriebenem rosa Pfeffer, Zitronensaft und gemahlenem Pfeffer abschmecken.

5. Die Tofumasse sofort und schnell mit den Spargelstückchen in die Kastenform (mit Frischhaltefolie ausgelegt) schichten und glatt streichen. (Wichtig: Schnell arbeiten, weil Agar-Agar schon beim Abkühlen fest wird.) Ein mehrfach gefaltetes Geschirrtuch auf die Arbeitsfläche legen. Die Form daraufstellen und mehrfach daraufstoßen, damit Luftblasen in der Masse platzen. Die Terrine zugedeckt mindestens 3 Stunden in den Kühlschrank stellen.

6. Die Tofu-Terrine aus der Form stürzen und mit einem Sägemesser in Scheiben schneiden.

TOMATENSUPPE MIT MOZZARELLA-KLÖSSCHEN

Zubereitungszeit: 30 Minuten
Garzeit: etwa 15 Minuten

ZUTATEN FÜR 4 PORTIONEN

FÜR DIE SUPPE:

2 Zwiebeln
2 Knoblauchzehen
2 EL Speiseöl, z. B. Olivenöl
800 g geschälte Tomaten (aus der Dose)
500 ml Gemüsefond
Zucker
Salz
gem. Pfeffer
Cayennepfeffer
1 Lorbeerblatt
gerebelter Oregano

FÜR DIE MOZZARELLA-KLÖSSCHEN:

250 g abgetropfter Mozzarella
1 Topf Basilikum

ZUM BESTREUEN:

einige Basilikumblättchen

PRO PORTION:

E: 15 g, F: 19 g, Kh: 10 g, kcal: 274

1. Für die Suppe Zwiebeln und Knoblauch abziehen, beides in kleine Würfel schneiden.

2. Speiseöl in einem Topf erhitzen. Zwiebel- und Knoblauchwürfel darin unter Rühren andünsten. Tomaten evtl. etwas zerkleinern und in den Topf geben. Fond, 1 Prise Zucker, Salz, Pfeffer, Cayennepfeffer, Lorbeerblatt und Oregano hinzufügen. Die Zutaten zum Kochen bringen und zugedeckt etwa 15 Minuten bei schwacher Hitze kochen lassen.

3. In der Zwischenzeit für die Klößchen Mozzarella grob zerkleinern und pürieren. Basilikum abspülen, trocken tupfen und die Blättchen von den Stängeln zupfen, Blättchen klein schneiden, unter die Mozzarellamasse kneten, mit Salz und Pfeffer würzen. Aus der Mozzarellamasse mit angefeuchteten Händen 18–24 Klößchen formen und in Suppentellern verteilen.

4. Das Lorbeerblatt aus der Suppe entfernen. Die Suppe pürieren und anschließend durch ein Sieb streichen. Die Suppe aufkochen und nochmals mit den Gewürzen abschmecken. Die Tomatensuppe in die Teller auf die Klößchen geben und mit abgespülten, trocken getupften Basilikumblättchen bestreut servieren.

TIPP:

Statt der geschälten Tomaten aus der Dose können Sie auch 1 ½ kg frische Tomaten verwenden. Dann die Tomaten abspülen, abtrocknen, halbieren und die Stängelansätze herausschneiden. Die Tomaten würfeln.

TORTILLA VEGETARIANA

Zubereitungszeit: 30 Minuten

ZUTATEN FÜR 4 PORTIONEN

FÜR DAS GEMÜSE-CHILI:

2 Knoblauchzehen
2 Zwiebeln
2 Stangen Staudensellerie (etwa 130 g)
1 große, gelbe Paprikaschote (etwa 275 g)
1 EL Olivenöl
1 TL Tomatenmark
400 g stückige Tomaten (aus der Dose)
Salz
gem. Pfeffer
Cayennepfeffer
250 g abgetropfte Kidneybohnen (aus der Dose)
1 großes Bund Frühlingszwiebeln (etwa 220 g)
165 g abgetropfter Gemüsemais (aus der Dose)

FÜR DEN DIP:

250 g Joghurt (0,1 % Fett)
100 g saure Sahne (10 % Fett)
1–2 Knoblauchzehen
je 1 Bund oder ½ Töpfchen Basilikum und frischer Koriander

8 Tortilla-Weizen-Fladen mit Maismehl (320 g, aus dem Brotregal)

PRO PORTION:

E: 19 g, F: 8 g, Kh: 70 g, kcal: 443

1. Für das Chili Knoblauch und Zwiebeln abziehen, in feine Würfel schneiden. Sellerie putzen. Die Stangen abspülen, abtropfen lassen und in feine Scheiben schneiden. Paprikaschote halbieren, entstielen, entkernen und die weißen Scheidewände entfernen. Schote abspülen, abtropfen lassen und in Würfel schneiden.

2. Das Olivenöl in einer Pfanne erhitzen. Knoblauch- und Zwiebelwürfel darin glasig dünsten. Selleriescheiben mit den Paprikawürfeln und Tomatenmark hinzugeben und unter Rühren kurz mit anbraten. Die stückigen Tomaten hinzufügen, mit Salz, Pfeffer und Cayennepfeffer würzen, aufkochen lassen.

3. Die Bohnen in einem Sieb abspülen und abtropfen lassen, dann unter das Tomatengemüse rühren. Die Zutaten bei starker Hitze unter Rühren sämig einkochen lassen.

4. In der Zwischenzeit Frühlingszwiebeln putzen, abspülen, abtropfen lassen und in feine Scheiben schneiden. Den Mais und die Frühlingszwiebelscheiben unter das Tomatengemüse rühren und alles weitere etwa 5 Minuten kochen lassen.

5. Inzwischen für den Dip Joghurt mit saurer Sahne glatt rühren. Knoblauch abziehen und durch eine Knoblauchpresse dazu drücken. Basilikum und Koriander abspülen, trocken tupfen und die Blättchen von den Stängeln zupfen, Blättchen klein schneiden und unterrühren.

6. Die Tortilla-Fladen nach Packungsanleitung erwärmen. Die Gemüsemischung nochmals würzig abschmecken und portionsweise auf den Tortilla-Fladen verteilen. Die Fladen aufrollen und anrichten. Den Dip dazu servieren.

TIPPS:

Fixieren Sie die aufgerollten Tortillas mit etwas gefaltetem Butterbrotpapier und garnieren Sie die Röllchen mit etwas Koriander. Die in Joghurt enthaltenen Milchsäurebakterien sollen die Verdauung fördern, allerdings nur dann, wenn er regelmäßig auf dem Speiseplan steht. Zu empfehlen ist naturbelassener Joghurt ohne Zusätze.

VIETNAMESISCHES SANDWICH

Zubereitungszeit: 45 Minuten, ohne Durchziehzeit
Aufbackzeit: etwa 6 Minuten

ZUTATEN FÜR 4 PORTIONEN

400 g Tofu, natur
2 EL Sambal Oelek
1 EL Asia-Fischsauce
5 EL Sojasauce
2 EL geschälte Sesamsamen
150 g Weißkohl
1 dicke Möhren (etwa 125 g)
Salz
1 kleine rote Zwiebel
½ Bund Koriander

FÜR DIE SESAM-MAYONNAISE:

100 g Delikatess-Mayonnaise
1 EL dunkles Sesamöl
1 TL fein abger. Schale von 1 Bio-Limette (unbehandelt, ungewachst)
1 EL brauner Zucker

500 g Stangenbaguette
3 EL Olivenöl

PRO PORTION:

E: 33 g, F: 42 g, Kh: 85 g, kcal: 864

1. Tofu zerbröseln und in eine Schüssel geben. Sambal Oelek, Fischsauce und 4 Esslöffel von der Sojasauce hinzugeben, gut vermischen und etwa 30 Minuten durchziehen lassen.

2. Sesam in einer Pfanne ohne Fett unter Wenden rösten und auf einem Teller erkalten lassen.

3. Den Backofen vorheizen.
Ober-/Unterhitze: etwa 200 °C
Heißluft: etwa 180 °C

4. Weißkohl evtl. putzen und den Strunk herausschneiden. Weißkohl abspülen und abtropfen lassen. Möhre putzen, schälen, abspülen, abtropfen lassen. Weißkohl und Möhre in sehr dünne Streifen schneiden und mit Salz würzen.

5. Zwiebel abziehen, zuerst in feine Scheiben schneiden, dann in Ringe teilen. Koriander abspülen, trocken tupfen, einige Stängel zum Garnieren beiseitelegen. Von den restlichen Stängeln die Blättchen abzupfen, Blättchen grob zerschneiden.

6. Für die Sesam-Mayonnaise Mayonnaise mit Sesamöl, Limettenschale, braunem Zucker und restlicher Sojasauce verrühren.

7. Das Baguette in 4 gleich große Stücke schneiden und auf dem Rost in den vorgeheizten Backofen schieben. Die Baguettestücke in **etwa 6 Minuten aufbacken.**

8. In der Zwischenzeit Olivenöl in einer großen Pfanne erhitzen. Die Tofubrösel darin rundherum kurz goldbraun anbraten und herausnehmen.

9. Die aufgebackenen Baguettestücke aus dem Backofen nehmen.

10. Die Baguettestücke längs einschneiden, aber nicht durchschneiden. Mit den Kohl- und Möhrenstreifen, Zwiebelringen, Koriandergrün und Tofubröseln füllen. Den gerösteten Sesam unter die zubereitete Mayonnaise rühren.

11. Vietnamesisches Sandwich mit Tofu auf Tellern anrichten und mit den beiseitegelegten Korianderstängeln garnieren. Die Sesam-Mayonnaise dazureichen.

WEISSKOHLEINTOPF MIT KARTOFFELTALERN

Zubereitungszeit: 50 Minuten
Garzeit Eintopf: etwa 15 Minuten
+ Vegan

ZUTATEN FÜR 4 PORTIONEN

600 g mehligkochende Kartoffeln
800 g Weißkohl, 1 große Stange Lauch
2 rote Paprikaschoten, 6–8 EL Sonnenblumenöl
Salz, gem. Pfeffer
1 l vegane Gemüsebrühe, 1 TL Kümmelsamen
4 EL Weizenmehl (Type 1050)
2 EL Sojamehl (aus Reformhaus oder Bioladen)
½ Bund glatte Petersilie

PRO PORTION:

E: 16 g, F: 22 g, Kh: 46 g, kcal: 449

1. Kartoffeln unter fließendem Wasser abbürsten, knapp mit Wasser bedeckt, zugedeckt zum Kochen bringen und in etwa 20 Minuten gar kochen.

2. In der Zwischenzeit von dem Kohl die äußeren Blätter entfernen. Den Kohl je nach Größe halbieren oder vierteln. Kohlstücke abspülen und abtropfen lassen. Den Strunk herausschneiden, Kohl in feine Streifen schneiden.

3. Lauch putzen, die Stange längs halbieren, gründlich waschen und abtropfen lassen. Lauch zunächst in etwa 2 cm breite Stücke, dann längs in Streifen schneiden. Paprikaschoten halbieren, entstielen, entkernen und die weißen Scheidewände entfernen. Schoten abspülen, abtropfen lassen und in mundgerechte Stücke schneiden.

4. Zwei Esslöffel Sonnenblumenöl in einem Topf erhitzen. Lauchstreifen und Paprikastücke darin unter gelegentlichem Rühren bei mittlerer Hitze anbraten, mit Salz und Pfeffer würzen. Lauchstreifen und Paprikastücke aus dem Topf nehmen.

5. Einen weiteren Esslöffel Sonnenblumenöl in den Topf geben. Die Kohlstreifen darin bei mittlerer Hitze andünsten. Gemüsebrühe hinzugießen, mit Pfeffer und Kümmel würzen, zum Kochen bringen und zugedeckt bei schwacher Hitze zunächst etwa 10 Minuten kochen lassen.

6. Die gegarten Kartoffeln abgießen, mit kaltem Wasser abschrecken, abtropfen lassen und heiß pellen. Kartoffeln kurz abdampfen lassen, dann mit dem Kartoffelstampfer zerstampfen oder die Kartoffeln durch eine Kartoffelpresse drücken.

7. Nach etwa 10 Minuten Garzeit die Lauchstreifen und Paprikastücke unter den Eintopf rühren. Den Eintopf nochmals kurz aufkochen lassen, dann zugedeckt bei schwacher Hitze weitere etwa 5 Minuten garen.

8. Die Kartoffelmasse in der Zwischenzeit mit den beiden Mehlsorten und ½ Teelöffel Salz verkneten. Aus dem Kartoffelteig 14 Taler (Ø 3–4 cm) formen. Restliches Sonnenblumenöl in einer großen Pfanne erhitzen. Die Taler darin von beiden Seiten bei mittlerer Hitze in 4–5 Minuten hellbraun anbraten.

9. Petersilie abspülen, trocken tupfen und die Blättchen von den Stängeln zupfen, Blättchen fein schneiden. Petersilie unter den Eintopf rühren, mit den Gewürzen abschmecken. Kartoffeltaler 1–2 Minuten im Eintopf erwärmen.

WIRSINGWICKEL MIT AUSTERNPILZEN UND KÜMMEL

Zubereitungszeit: 30 Minuten
Garzeit: etwa 25 Minuten

ZUTATEN FÜR 4 PORTIONEN

Salz
1 Wirsing (etwa 1 ½ kg)
100 g Austernpilze
1 Zwiebel
4 EL Butter
½ TL Kümmelsamen
200 ml Gemüsebrühe
2 EL Schnittlauchröllchen
1 EL klein geschnittene Petersilie
gem. Pfeffer

PRO PORTION:

E: 9 g, F: 19 g, Kh: 10 g, kcal: 245

1. In einem großen Topf reichlich Wasser zum Kochen bringen. Salz hinzufügen (auf 1 Liter Wasser 1 Teelöffel Salz).

2. In der Zwischenzeit von dem Wirsing die äußeren welken Blätter entfernen. Den Kohl abspülen, abtropfen lassen und den Strunk keilförmig herausschneiden. Den Wirsing so lange in das kochende Wasser legen, bis sich die äußeren Blätter lösen. Diesen Vorgang wiederholen, bis sich etwa 12 Blätter lösen lassen (nicht zu weich kochen!). Restlichen Wirsingkopf vierteln und in feine Streifen schneiden.

3. Austernpilze putzen, evtl. kurz abspülen, trocken tupfen und in kleine Stücke schneiden. Die Zwiebel abziehen und klein würfeln.

4. Die Hälfte der Butter in einem Topf zerlassen. Zwiebelwürfel, Pilzstücke und Kümmel darin andünsten. Die Kohlstreifen hinzugeben und kurz mitdünsten lassen. 100 ml der Gemüsebrühe hinzugießen und zum Kochen bringen. Das Gemüse zugedeckt etwa 10 Minuten garen. Schnittlauchröllchen und Petersilie unterrühren. Die Gemüsemasse mit Salz und Pfeffer würzen und in 12 Portionen teilen.

5. Den Backofen vorheizen.
Ober-/Unterhitze: etwa 200 °C
Heißluft: etwa 180 °C

6. Ein sauberes, angefeuchtetes Geschirrtuch in eine Suppentasse legen. Ein Wirsingblatt hineinlegen. Eine Gemüseportion in das Wirsingblatt legen. Das Wirsingblatt über der Füllung mithilfe des Geschirrtuches zu einem Wickel formen. Die Wirsingwickel mit der gefalteten Seite nach unten in eine ofenfeste Form (gefettet) setzen. Restliche Gemüsebrühe hinzugießen. Restliche Butter in Flöckchen daraufsetzen.

7. Die Form auf dem Rost in den vorgeheizten Backofen schieben. Die Wirsingwickel **etwa 25 Minuten garen.**

ZIEGENKÄSE-PASTILLA

Zubereitungszeit: 40 Minuten, ohne Abkühlzeit
Backzeit: etwa 5 Minuten

ZUTATEN FÜR 6 PORTIONEN

FÜR DAS KOMPOTT:

1 EL vorbereitete frische Rosmarinnadeln
300 g reife Birnen, z. B. Williams oder Abate
20 g Pinienkerne
3 EL Aceto-Balsamico-Essig
50 ml Birnensaft
Salz
grob gem. schwarzer Pfeffer
2 EL Walnussöl

FÜR DIE ZIEGENKÄSE-PASTILLAS:

1–2 Stängel Thymian
30 g Butter
75 g frischer Filo- oder Yufkateig
(aus dem Kühlregal)
6 runde Ziegenweichkäse-Taler, z. B. Picandou
(je etwa 40 g)
6 TL flüssiger Akazien-Honig

ZUM BESTÄUBEN:

1 gestr. EL Puderzucker
½ TL gem. Zimt

PRO PORTION:

E: 9 g, F: 18 g, Kh: 25 g, kcal: 302

1. Für das Kompott die Rosmarinnadeln grob zerschneiden. Birnen schälen, halbieren und entkernen. Birnenhälften in etwa ½ cm große Würfel schneiden.

2. Pinienkerne in einem kleinen Topf ohne Fett unter Wenden goldbraun rösten. Birnenwürfel und Rosmarin hinzugeben, Balsamico und Birnensaft hinzugießen. Alles mit etwas Salz und Pfeffer würzen. Die Zutaten zum Kochen bringen und 3–4 Minuten kochen lassen. Den Topf von der Kochstelle nehmen. Das Kompott erkalten lassen. Das Walnussöl unter das erkaltete Kompott rühren.

3. Für die Pastillas Thymian abspülen, trocken tupfen und die Blättchen von den Stängeln zupfen. Die Butter zerlassen.

4. Den Backofen vorheizen.
Ober-/Unterhitze: etwa 220 °C
Heißluft: etwa 200 °C

5. Die Teigblätter in 12 Quadrate (etwa 16 x 16 cm) schneiden. 1 Teigblatt auf der Arbeitsplatte ausbreiten, dünn mit zerlassener Butter bestreichen und ein zweites Blatt darauflegen.

6. Einen Ziegenkäse-Taler auf die Teigmitte legen, mit 1 Teelöffel Honig beträufeln, mit grob gemahlenem Pfeffer und einigen Thymianblättchen bestreuen.

7. Eine Ecke des Teiges über die Füllung falten und mit Butter bestreichen. Etwa alle 2 cm weitere Ecken über die Füllung falten und jeweils mit Butter bestreichen, bis das Päckchen komplett geschlossen ist. Auf diese Weise insgesamt 6 Ziegenkäse-Pastillas herstellen.

8. Die Ziegenkäse-Pastillas auf ein Backblech (mit Backpapier belegt) setzen. Die Oberfläche mit der restlichen Butter bestreichen.

9. Das Backblech in den vorgeheizten Backofen (unteres Drittel) schieben. Ziegenkäse-Pastillas in **etwa 5 Minuten goldbraun backen.**

10. Zum Bestäuben Puderzucker mit Zimt mischen. Das Backblech auf einen Kuchenrost stellen.

11. Den Zimt-Zucker dünn über die heißen Pastillas sieben und die Pastillas warm mit dem Kompott servieren.

ZITRONENRISOTTO MIT GEGRILLTEM KÜRBIS

● Zubereitungszeit: 45 Minuten
▲ Mit Alkohol

ZUTATEN FÜR 4 PORTIONEN

1 kleiner Hokkaido-Kürbis

FÜR DEN RISOTTO:

750 ml Gemüsebrühe
3 Bio-Zitronen (unbehandelt, ungewachst)
1 Zwiebel
2 EL Olivenöl
300 g Rundkornreis, z. B. Arborio
100 ml trockener Weißwein
Salz
gem. schwarzer Pfeffer
80 g Butter
100 g frisch ger. Parmesan
100 ml Olivenöl
1 EL frische Thymianblättchen
1 EL frische Rosmarinnadeln
1 TL Chiliflocken

ZUM GARNIEREN:

2 EL grob geschnittene glatte Petersilie

PRO PORTION:

E: 17 g, F: 55 g, Kh: 71 g, kcal: 878

1. Den Kürbis abspülen, trocken tupfen und vierteln. Aus den Kürbisvierteln die Kerne mit einem Löffel herausschaben. Die Kürbisstücke in etwa 2 cm breite Spalten schneiden. Die Kürbisspalten in einer erhitzten Grillpfanne von allen Seiten goldbraun rösten, herausnehmen und warm stellen.

2. Die Gemüsebrühe in einem Topf zum Kochen bringen. Die Zitronen heiß abwaschen und abtrocknen. Von 2 Zitronen die Schale ganz fein abreiben. Von der letzten Zitrone mit einem Zestenreißer schmale Streifen abziehen. Die Zitronen halbieren und jeweils den Saft auspressen. Zwiebel abziehen und klein würfeln.

3. Olivenöl in einem Topf erhitzen. Die Zwiebelwürfel darin glasig dünsten. Den Reis hinzugeben und unter Rühren kurz mitdünsten lassen. Mit Weißwein ablöschen. So lange rühren, bis der Reis den Wein aufgenommen hat.

4. Mit einer Suppenkelle immer wieder etwas von der kochenden Brühe zum Reis geben. Den Reis unter ständigem Rühren garen, bis die ganze Brühe vom Reis aufgenommen wurde. Den Reis mit Salz und Pfeffer würzen. Der Reis ist nach 18–20 Minuten gar.

5. Die Butter und den Parmesan unter den Reis rühren. Den Reis mit der abgeriebenen Zitronenschale und dem Zitronensaft abschmecken (die Konsistenz soll cremig sein).

6. Aus Olivenöl, Thymian, Rosmarin und Chili ein Würzöl herstellen. Die warm gestellten Kürbisspalten mit dem Würzöl bestreichen und mit Salz würzen.

7. Den Risotto auf 4 Tellern anrichten. Mit Zitronenzesten und Petersilie garnieren. Die Kürbisspalten auf den Tellern verteilen oder dazureichen.

TIPP:

Die Schale von dem Hokkaido-Kürbis kann mitgegessen werden.

ZUCCHINI MIT AMARANTH, GEFÜLLTE

● Zubereitungszeit: 40 Minuten
Garzeit: etwa 20 Minuten

ZUTATEN FÜR 2 PORTIONEN

500 ml Gemüsebrühe
100 g Amaranth
2 mittelgroße Zucchini (etwa 400 g)
1 rote Zwiebel
1 Knoblauchzehe
je ½ rote und gelbe Paprikaschote
1 große Tomate (etwa 125 g)
4–5 Stängel Basilikum
125 g abgetropfter Mozzarella
1 ½ EL Olivenöl
Salz
gem. Pfeffer
20 g gehobelte Mandeln
2 Stängel Zitronenthymian

PRO PORTION:

E: 26 g, F: 34 g, Kh: 46 g, kcal: 620

1. Brühe mit Amaranth in einem kleinen Topf zum Kochen bringen, zugedeckt etwa 30 Minuten bei schwacher Hitze garen, dabei ab und zu umrühren. Amaranth in einem feinen Sieb abtropfen lassen, dabei die Kochflüssigkeit auffangen.

2. In der Zwischenzeit Zucchini abspülen, abtrocknen und die Enden abschneiden. Zucchini längs halbieren, so aushöhlen, dass rundherum ein kleiner Rand stehen bleibt.

3. Zwiebel und Knoblauch abziehen, klein würfeln. Paprikahälften entstielen, entkernen und die weißen Scheidewände entfernen. Schotenhälften abspülen, abtropfen lassen und fein würfeln.

4. Tomate abspülen, abtrocknen, vierteln und den Stängelansatz herausschneiden. Tomatenviertel entkernen, fein würfeln. Basilikum abspülen, trocken tupfen und die Blättchen von den Stängeln zupfen, Blättchen grob zerschneiden. Mozzarella fein würfeln.

5. Den Backofen vorheizen.
Ober-/Unterhitze: etwa 180 °C
Heißluft: etwa 160 °C

6. Olivenöl in einem Topf erhitzen. Zwiebel- und Knoblauchwürfel darin andünsten. Paprika-, Tomatenwürfel und Basilikum hinzufügen, 2–3 Minuten mitdünsten lassen, mit Salz und Pfeffer würzen.

7. Zucchinihälften in eine Auflaufform (gefettet) setzen. Das gedünstete Gemüse mit Amaranth, Mandeln und Mozzarellawürfeln vermischen, nochmals mit den Gewürzen abschmecken und in den Zucchinihälften verteilen. Vorsichtig so viel von der aufgefangene Brühe in die Form gießen, dass diese etwa ½ cm hoch mit Brühe gefüllt ist. Die Form auf dem Rost in den vorgeheizten Backofen (unteres Drittel) schieben. Die gefüllten Zucchini **etwa 20 Minuten garen.**

8. Thymian abspülen, trocken tupfen und etwas kleiner zupfen. Zucchini mit Zitronenthymian garniert servieren.

TIPP:

Zitronenthymian ist verwandt mit dem klassischen (Garten-)Thymian, duftet ein wenig nach Zitrone und hat den typischen Thymiangeschmack. Alternative: 2 Stängel Thymian und ½ Teelöffel frisch abgeriebene Schale von 1 Bio-Zitrone (unbehandelt, ungewachst) nehmen und beides über die gefüllten Zucchini streuen.

ZUCCHINI-DEEP-PAN-PIZZA

Zubereitungszeit: 60 Minuten, ohne Teiggehzeit

ZUTATEN FÜR 4–6 PORTIONEN

FÜR DEN HEFETEIG:

85 g Buttermilch
21 g frische Hefe
1 TL flüssiger Honig
350 g Dinkelmehl (Type 630)
1 TL gerebelter Thymian
200 g Zucchini
1 EL Olivenöl
1 gestr. TL Meersalz

FÜR DIE TOMATEN:

750 g Tomaten
3 Frühlingszwiebeln
½ Bund Basilikum
Salz
gem. Pfeffer
1 Prise Zucker

ZUSÄTZLICH:

1 TL Olivenöl zum Braten

PRO PORTION:

E: 12 g, F: 4 g, Kh: 58 g, kcal: 328

1. Für den Teig Buttermilch lauwarm erwärmen. Die Hefe hineinbröckeln. Honig hinzugeben. Die Zutaten glatt rühren. Mehl mit Thymian in einer Rührschüssel mischen und in die Mitte eine Vertiefung eindrücken. Die Hefe-Buttermilch in die Vertiefung gießen, mit etwas Mehl verrühren und zugedeckt stehen lassen.

2. In der Zwischenzeit Zucchini abspülen, abtrocknen und die Enden abschneiden. Zucchini grob raspeln.

3. Die Hefeteigzutaten (Punkt 1) mit einem Mixer (Knethaken) zunächst kurz auf niedrigster Stufe durchkneten. Dabei nach und nach die Zucchiniraspel hinzugeben. Anschließend nach und nach Olivenöl einträufeln und das Salz hinzugeben. Die Zutaten auf höchster Stufe zu einem glatten Teig verarbeiten, dann noch etwa 4 Minuten weiterkneten. Den Teig in der Schüssel zugedeckt so lange an einem warmen Ort gehen lassen, bis er sich sichtbar vergrößert hat (etwa 20 Minuten).

4. Für die Tomaten in der Zwischenzeit die Tomaten abspülen, abtrocknen, halbieren und die Stängelansätze herausschneiden. Tomaten in grobe Stücke schneiden. Frühlingszwiebeln putzen, abspülen, abtropfen lassen und schräg in feine Scheiben schneiden.

5. Basilikum abspülen, trocken tupfen und die Blättchen von den Stängeln zupfen. Blättchen in grobe Stücke zupfen oder schneiden. Tomaten mit Frühlingszwiebelscheiben und Basilikum mischen, mit Salz, Pfeffer und Zucker würzen.

6. Eine beschichtete Pfanne (Ø etwa 20 cm) erhitzen und portionsweise ganz dünn mit etwas von dem Olivenöl ausstreichen. Den Teig in 4–6 gleich große Portionen teilen. Die Teigportionen auf einer gut bemehlten Arbeitsfläche mit den Händen zu flachen Fladen in Pfannengröße formen.

7. Die Fladen nacheinander vorsichtig in die heiße Pfanne geben. Jeden Pizzafladen bei schwacher bis mittlerer Hitze zunächst 1–1½ Minuten backen. Dann wenden und in weiteren 2–3 Minuten bei schwacher bis mittlerer Hitze fertig backen. Die Pfannenpizza backfrisch oder abgekühlt zu den Tomaten servieren.

TIPP:

Buttermilch ist recht kalorien- und sehr fettarm und ein idealer Durstlöscher, besonders an heißen Sommertagen. Zudem punktet sie mit hochwertigem Milcheiweiß und Kalzium.

ZUCCHINI-LINSEN-BOLOGNESE MIT NUDELN

Zubereitungszeit: 25 Minuten
Garzeit: 30–32 Minuten
+ Vegan

ZUTATEN FÜR 4 PORTIONEN

FÜR DIE ZUCCHINI-LINSEN-BOLOGNESE:

2 Knoblauchzehen
2 mittelgroße Zwiebeln (etwa 100 g)
6 Stängel Thymian oder
½ TL gerebelter Thymian
200 g Champignons
1 Zucchini (etwa 200 g)
2 EL Olivenöl
125 g kleine, dunkle getrocknete Linsen, z. B. Alb-, Beluga-oder Tellerlinsen
400 g stückige Tomaten (aus der Dose)
etwa 75 ml vegane Gemüsebrühe
1 Lorbeerblatt
gem. Pfeffer

25 g Pinienkerne

FÜR DIE NUDELN:

400 g Vollkornnudeln ohne Ei
Salz

PRO PORTION:

E: 29 g, F: 12 g, Kh: 80 g, kcal: 575

1. Für die Bolognese Knoblauch und Zwiebeln abziehen, fein würfeln. Thymian abspülen und trocken tupfen.

2. Champignons putzen, evtl. kurz abspülen, gut trocken tupfen und sehr fein würfeln. Zucchini abspülen, abtrocknen und die Enden abschneiden. Zucchini in feine Würfel schneiden.

3. Das Olivenöl in einem Topf erhitzen. Knoblauch- und Zwiebelwürfel darin unter Rühren andünsten. Champignon- und Zucchiniwürfel hinzugeben und kurz unter Rühren anbraten. Die Linsen und Tomatenstücke mit der Flüssigkeit hinzufügen.

4. Die Brühe hinzugießen. Lorbeerblatt und Thymian unterrühren. Die Zutaten zum Kochen bringen. Die Bolognese bei schwacher Hitze zugedeckt etwa 25 Minuten kochen lassen, dabei gelegentlich umrühren.

5. In der Zwischenzeit die Pinienkerne in einer Pfanne ohne Fett unter Wenden anrösten und auf einen Teller geben.

6. Für die Nudeln die Vollkornnudeln in kochendem Salzwasser nach Packungsanleitung bissfest garen.

7. Anschließend die gegarten Nudeln in ein Sieb geben, mit heißem Wasser abspülen, abtropfen lassen und warm stellen.

8. Die Bolognese mit Salz und Pfeffer würzen, im geöffneten Topf weitere 5–7 Minuten kochen lassen, dabei gelegentlich umrühren. Lorbeerblatt und Thymianstängel entfernen. Bolognese nochmals mit Salz und Pfeffer abschmecken, mit den Nudeln anrichten und mit Pinienkernen bestreut servieren.

TIPPS:

Zum Servieren abgespülte, trocken getupfte Thymianblättchen daraufstreuen. Wer die Sauce cremiger mag, kann zusätzlich etwa 100 ml vegane Pflanzencreme zum Kochen (z. B. aus Soja oder Hafer) unterrühren.

ZWIEBELN MIT BULGUR, NÜSSEN UND PORTULAK

Zubereitungszeit: 50 Minuten, ohne Quellzeit
Garzeit: etwa 30 Minuten

ZUTATEN FÜR 4 PORTIONEN

6 milde, weiße Zwiebeln (je etwa 150 g)
Salz
50 g Bulgur
2 große Tomaten
½ Bund Petersilie
2 EL Rosinen
2 EL gehobelte Haselnusskerne
gem. Pfeffer
Zitronensaft

200 ml Gemüsebrühe

200 g Portulak
200 g Cocktailtomaten
1 EL Himbeeressig
flüssiger Honig
1 EL Walnussöl
2 EL Sonnenblumenöl

PRO PORTION:

E: 7 g, F: 22 g, Kh: 28 g, kcal: 341

1. Die Zwiebeln abziehen und in kochendem Salzwasser etwa 15 Minuten vorgaren. Zwiebeln vorsichtig mit einer Schaumkelle herausnehmen, in ein Sieb geben, mit kaltem Wasser abschrecken und abtropfen lassen. Zwiebeln waagerecht halbieren. Zwiebelhälften mit einem Ausstecher aushöhlen, dabei einen Rand stehen lassen. Das ausgehöhlte Zwiebelfleisch klein schneiden.

2. Bulgur in eine Schale geben, mit kochendem Wasser übergießen und etwa 10 Minuten quellen lassen. Anschließend Bulgur in einem Sieb abtropfen lassen.

3. Den Backofen vorheizen.
Ober-/Unterhitze: etwa 180 °C
Heißluft: etwa 160 °C

4. Die Tomaten abspülen, abtropfen lassen, vierteln und die Stängelansätze herausschneiden. Tomaten in kleine Würfel schneiden. Petersilie abspülen, trocken tupfen und die Blättchen von den Stängeln zupfen. Blättchen in Streifen schneiden.

5. Bulgur mit dem klein geschnittenen Zwiebelfleisch, Tomatenwürfeln, Petersilienstreifen, Rosinen und Haselnusskernen vermischen. Mit Salz, Pfeffer und etwas Zitronensaft würzen. Die Bulgurmasse in den Zwiebelhälften verteilen.

6. Die gefüllten Zwiebeln in eine ofenfeste Form (gefettet) setzen, Gemüsebrühe hinzugießen. Die Form auf dem Rost in den vorgeheizten Backofen schieben. Die gefüllten Zwiebeln **etwa 30 Minuten garen.**

7. In der Zwischenzeit Portulak putzen, abspülen, trocken tupfen oder trocken schleudern. Die Tomaten abspülen, trocken tupfen, halbieren und die Stängelansätze herausschneiden.

8. Himbeeressig mit Honig verrühren. Walnuss- und Sonnenblumenöl unterschlagen. Mit Salz und Pfeffer würzen. Portulak mit den Tomatenhälften und dem Dressing vermischen. Die gefüllten Zwiebeln mit dem Salat servieren.

BEILAGE:

Ofenfrisches Baguette.

ZWIEBELTARTE

● Zubereitungszeit: 70 Minuten, ohne Kühlzeit
Backzeit: 33–38 Minuten
▲ Mit Alkohol

ZUTATEN FÜR 8 GROSSE STÜCKE

FÜR DEN TEIG:

100 g kalte Butter
250 g Weizenmehl
1 gestr. TL Salz
100 ml sehr kaltes Wasser
1 TL Weißweinessig

FÜR DEN BELAG:

700 g Gemüsezwiebeln
2 Knoblauchzehen
5 EL Olivenöl
1 TL Fenchelsamen
Salz
gem. schwarzer Pfeffer
175 ml trockener Weißwein
75 g Crème fraîche
50 g Schlagsahne
1 Ei (Größe L)
1 Eigelb (Größe L)
3 Stängel Thymian
3 Stängel Oregano
50 g schwarze Oliven, mit Stein, z. B. Kalamata
75 g Parmesan, im Stück

PRO STÜCK:

E: 9 g, F: 28 g, Kh: 29 g, kcal: 424

1. Für den Teig kalte Butter in kleine Würfel schneiden. Mehl mit Salz in einer Rührschüssel mischen. Die Butterwürfel darauf verteilen. Kaltes Wasser mit Essig verrühren und in die Mitte des Mehls geben.

2. Die Zutaten schnell mit den Händen zu einem Teig verkneten und zu einer Kugel formen.

3. Die Kugel in Frischhaltefolie gewickelt etwa 30 Minuten in den Kühlschrank legen.

4. Für den Belag Zwiebeln und Knoblauch abziehen. Zwiebeln längs halbieren und in etwa ½ cm dicke Spalten schneiden. Knoblauch sehr klein schneiden.

5. Olivenöl in einem weiten Topf erhitzen. Zwiebeln, Knoblauch und Fenchelsamen darin bei starker Hitze unter Rühren kräftig andünsten. Mit Salz und Pfeffer würzen.

6. Die Zwiebelmasse mit Weißwein ablöschen und so lange einkochen lassen, bis fast keine Flüssigkeit mehr vorhanden ist. Dabei ab und zu umrühren.

7. Den Backofen vorheizen.
Ober-/Unterhitze: etwa 200 °C
Heißluft: etwa 180 °C

8. Den Teig auf einer leicht bemehlten Arbeitsfläche zu einer runden Platte (Ø 31–32 cm) ausrollen, in eine Tarteform (Ø 28 cm, gefettet) legen und leicht andrücken. Den Teigrand glatt abschneiden, den Teigboden mehrmals mit einer Gabel einstechen.

9. Die Form auf dem Rost in den vorgeheizten Backofen (unteres Drittel) schieben. Boden **15–18 Minuten vorbacken.**

10. Die Form auf einen Kuchenrost stellen. Die Backofentemperatur auf Ober-Unterhitze: etwa 180 °C, Heißluft: etwa 160 °C herunterschalten.

11. Crème fraîche mit Sahne, Ei und Eigelb verrühren, mit etwas Salz würzen. Thymian und Oregano abspülen, trocken tupfen und die Blättchen von den Stängeln zupfen. Blättchen klein schneiden und unter die Zwiebelmasse rühren. Die Oliven vom Stein schneiden.

12. Zwiebel-Kräuter-Masse mit den Oliven auf den vorgebackenen Boden geben. Die Eiersahne darauf verteilen. Den Käse grob raffeln und daraufstreuen.

13. Die Form wieder auf dem Rost in den heißen Backofen (unteres Drittel) schieben. Die Zwiebeltarte in **18–20 Minuten fertig backen.**

14. Die Form auf einen Kuchenrost stellen. Die Tarte etwas abkühlen lassen und lauwarm servieren.

TIPP:

Probieren Sie die Zwiebeltarte einmal mit der gleichen Menge roter Zwiebeln oder einer Mischung aus roten Zwiebeln und Frühlingszwiebeln.

REGISTER

SUPPEN & EINTÖPFE

AUS DEM OFEN

SALATE

AUS DER PFANNE

VOM GRILL

SNACKS

SAUCEN, DIPS & AUFSTRICHE

FÜR JEDEN TAG

FÜR GÄSTE

FÜR VEGANER

MIT ALKOHOL

Bei Fragen oder Anregungen wenden Sie sich bitte an folgende Telefonnummer +49(0)89-5482515-0 oder an kontakt@zsverlag.de

ISBN: 978-3-7670-1666-1
1. Auflage 2018

Projektleitung: Carola Reich
Redaktion: Annette Riesenberg

Rezeptentwicklung und -beratung:
Anke Rabeler, Berlin
Nährwertberechnungen:
Nutri Service, Hennef, Angelika Ilies, Langen

Lektorat: no:vum, Susanne Noll, Hennef

Titelfotos:
Studio Diercks, Hamburg (3), Eising Studio, München (6), Antje Plewinski, Berlin (6)

Foodfotografie:
Fotostudio Diercks, Hamburg (Thomas Diercks, Kai Boxhammer, Christiane Krüger, Hamburg – S. 4–6, 15, 22, 23, 32, 33, 36, 40, 44, 46, 47, 64, 70, 71, 75, 78, 79, 84, 85, 96, 97, 99, 112, 114, 115, 118–122, 125, 128, 136, 137, 148, 152, 160, 162–165, 167, 170, 172, 175, 179–181, 184, 189, 191, 197, 200, 203, 208)
Fotostudio Eising, München (S. 7, 8, 14, 17, 21, 26–28, 43, 49, 50, 52, 56, 59, 60, 63, 65, 66, 68, 73, 76, 80, 83, 87, 94, 100, 103, 105, 117, 131, 132, 139, 143, 147, 154, 157, 159, 166, 178, 185, 190, 207)
Antje Plewinski, Berlin (S. 11, 18, 25, 29, 31, 35, 39, 45, 51, 55, 67, 69, 88, 91, 93, 106, 109, 111, 123, 124, 127, 135, 140, 144, 151, 153, 161, 169, 171, 174, 177, 183, 187, 188, 192, 195, 196, 199, 204, 211)
Axel Struwe, Bielefeld (S. 12, 72, 77)

Artdirektion und Grafikdesign:
seidldesign, Stuttgart

Lithografie: Jan Russok
Satz und Layout: MDH Haselhorst, Bielefeld
Titelgestaltung: Büro 18, Friedberg/Bayern

Herstellung: Frank Jansen

Druck und Bindung: Optimal media GmbH, Röbel

Kurze Wege schonen die Umwelt
Dieses Buch wurde in Deutschland gedruckt

Die Bücher und E-Books unter der Marke Dr. Oetker Verlag erscheinen als Lizenz in der ZS Verlag GmbH.
redaktion-oetker@zsverlag.de
www.facebook.de/Dr.OetkerVerlag
Die ZS Verlag GmbH ist ein Unternehmen der Edel AG, Hamburg.
www.zsverlag.de
www.facebook.de/zs-verlag